LEGAL

A NEW THEORY OF LEGAL REALISM

法律现实主义新论

陆宇峰 —— 著

法律出版社 LAW PRESS·CHINA
北京

图书在版编目(CIP)数据

法律现实主义新论 / 陆宇峰著. -- 北京 : 法律出版社, 2023
ISBN 978-7-5197-8349-5

Ⅰ. ①法… Ⅱ. ①陆… Ⅲ. ①法理学 Ⅳ. ①D90

中国国家版本馆 CIP 数据核字(2023)第 181199 号

法律现实主义新论
FALÜ XIANSHI ZHUYI XIN LUN

陆宇峰　著

策划编辑 解　锟
责任编辑 解　锟
装帧设计 李　瞻

出版发行 法律出版社
编辑统筹 重大项目办公室
责任校对 王晓萍
责任印制 吕亚莉
经　　销 新华书店

开本 A5
印张 7.75　**字数** 257 千
版本 2023 年 11 月第 1 版
印次 2023 年 11 月第 1 次印刷
印刷 北京中科印刷有限公司

地址:北京市丰台区莲花池西里 7 号(100073)
网址:www.lawpress.com.cn
投稿邮箱:info@lawpress.com.cn
举报盗版邮箱:jbwq@lawpress.com.cn
销售电话:010-83938349
客服电话:010-83938350
咨询电话:010-63939796

书号:ISBN 978-7-5197-8349-5　**定价**:88.00 元
凡购买本社图书,如有印装错误,我社负责退换。电话:010-83938349

陆宇峰

我国“系统论法学”中青年领军人物之一，擅长运用“自创生”系统理论分析全球社会的法、复杂社会的法、数字社会的法。清华大学法学博士，华东政法大学首届优秀博士后。现任华东政法大学科研处处长、中国法治战略研究院院长（兼）、数字法治研究院副院长、教授、博士生导师。兼任中国法学会法理学研究会理事、中国法学会比较法学研究会理事、中国法学会网络与信息法学研究会理事、上海市法学会法社会学研究会学术委员会委员。入选国家重大人才青年项目、上海市青年“东方英才”、上海市“曙光”学者、“上海青年法学法律人才库”；曾获董必武青年法学成果奖提名奖、“上海社科新人”奖、上海社联2022年度十大“推介论文”奖等。主持省部级以上项目8项，包括国家社科基金重点项目等国家级项目5项；著有《系统论法学新思维》（商务印书馆2022年），译有《宪法的碎片：全球社会宪治》（中央编译出版社2016年版）；在《中国法学》《人民日报（理论版）》等刊物发表学术论文40余篇，被《中国社会科学文摘》《高等学校文科学术文摘》《人大报刊复印资料》等转载20余篇次。曾受邀参加“系统论法学国际研讨会（格鲁吉亚）”，组织“中丹（丹麦）系统论国际研讨会”、东亚法哲学大会“系统法学与未来法治”分论坛（香港），参加日本北海道大学法理论研究会“高度信息社会的法过程：中国法的实践”研讨会并做主题发言，有一定国际学术影响力。

目 录

第一章　引　　言

法律现实主义兴起于20世纪20年代前后的美国，是一场由众多法学家共同参与的法律思想运动，重要的代表性人物包括卡尔·卢埃林（Karl Llewellyn）、杰罗姆·弗兰克（Jerome Frank）、亚瑟·科宾（Arthur Corbin）、沃特·库克（Walter Cook）、图尔曼·阿诺德（Thurman Arnold）、赫曼·奥利芬特（Herman Oliphant）、昂德希尔·穆尔（Underhill Moore）、海瑟尔·云特马（Hessel Yntema）、约瑟夫·哈奇森（Joseph Hutcheson）、罗伯特·黑尔（Robert Hale）、菲利克斯·科恩（Felix Cohen）、菲利克斯·法兰克福特（Felix Frankfurter）、马克思·雷丁（Max Radin）等十余人，堪称名篇名著的作品不下50种，涉及法学理论、宪法、契约法、侵权法、诉讼法、冲突法等多个法学部门。由于大量的文献阅读和消化需要较长的时间，我国当代的相关研究呈现为一个三阶段的循序渐进过程，至今尚未终结。

第一阶段是初步引介阶段，从20世纪80年代初一直持续到

20 世纪 90 年代末。张宏生、汪静姗[①]和沈宗灵[②]的论文分别概述了现实主义法学及其领袖卢埃林的基本观点，是“改革开放”后最早的相关介绍性作品，但前者依据的资料有限、篇幅较短，后者也仅限于对卢埃林重要作品的论点罗列；黄列翻译了卢埃林《美国判例法制度》,[③] 仁堪翻译了特文宁《谈谈（美国的）现实主义法学》,[④] 客观上有助于澄清国外对法律现实主义的多种误读，但由于两篇译文都经过了大量删节，没有得到应有的重视；在这种情况下，刘星、[⑤] 彭灵勇[⑥]对现实主义法学的反思尽管显示出一定的理论勇气，但无论是批评现实主义法学破坏“法治”，还是指责现实主义法学错误地分析了“法律的概念”，都缺乏坚实的根基，甚至恰恰出现了特文宁已经指出的误读。

第二阶段是全面引入阶段，大致从 20 世纪 90 年代末持续到 2005 年。卢埃林《普通法传统》成为第一部被翻译成中文的现实

① 参见张宏生、汪静姗：《略论美国现实主义法学》，载《国外法学》1983 年第 1 期。

② 参见沈宗灵：《卢埃林的现实主义法学》，载《法学研究》1990 年第 5 期。

③ 参见［美］卡尔·卢埃林：《美国判例法制度》，黄列译，载《环球法律评论》1989 年第 5 期。

④ 参见［美］特文宁：《谈谈（美国的）现实主义法学》，仁堪译，载《环球法律评论》1987 年第 4 期。

⑤ 参见刘星：《法律的不确定性——美国现实主义法学述评》，载《中山大学学报（社会科学版）》1996 年第 S3 期。

⑥ 参见彭灵勇：《对现实主义法学的反思》，载《社会科学家》1997 年第 1 期。

主义法学名著;[①] 菲尔德曼《从前现代主义到后现代主义的美国法律思想——一次思想航行》中译本的问世，对我国学者理解法律现实主义在美国法律思想史上的地位起到了重要作用。[②] 与此同时，西方法律思想史著作开始普遍收入“美国现实主义法学”专章，但多数仅涉及卢埃林和弗兰克的作品，并存在混淆现实主义法学与实用主义法学、社会学法学等问题；相关专著《现实主义法学》也已出现，但系入门类读物。[③]

第三阶段是深入研究阶段，始于 2006 年。首先，随着《初审法院——美国司法中的神话与现实》的出版，法律现实主义的另一旗手弗兰克有了第一部中译著作;[④] 吉尔莫《美国法的时代》、[⑤] 萨默斯《美国实用工具主义法学》[⑥] 两部著作的中译，则有助于中国研究者进入法律现实主义的美国语境；多篇著名的现

---

① 参见［美］卡尔·卢埃林:《普通法传统》，陈绪刚、史大晓、仝宗锦译，中国政法大学出版社 2002 年版。

② 参见［美］斯蒂芬·M. 菲尔德曼:《从前现代主义到后现代主义的美国法律思想——一次思想航行》，李国庆译，中国政法大学出版社 2005 年版。

③ 参见付池斌:《现实主义法学》，法律出版社 2005 年版。

④ 参见［美］杰罗姆·弗兰克:《初审法院——美国司法中的神话与现实》，赵承寿译，中国政法大学出版社 2007 年版。

⑤ 参见［美］格兰特·吉尔莫:《美国法的时代》，董春华译，法律出版社 2009 年版。

⑥ 参见［美］罗伯特·S. 萨默斯:《美国实用工具主义法学》，柯华庆译，中国法制出版社 2010 年版。

实主义法学论文也被陆续译出，包括《现实主义法学——下一步》,[1]《如何打造优秀的法学教育》,[2]《“非强制”国家的强制与分配》,[3]《荒唐的先验与功能主义进路》[4] 等。其次，两部高水平学术专著面世，一是《卢埃林：书本法不同于现实法》,[5] 全面展示了卢埃林的现实主义法学思想；二是《美国冲突法理论嬗变的法理——从法律形式主义到法律现实主义》,[6] 深入考察了现实主义法学造就的美国“冲突法革命”。在高鸿钧主编的《英美法原论》中，对美国法律现实主义的介绍达到了3万字，被视为四种最重要的现代英美法律思想之一。[7] 最后，研究性论文的质量也获得大幅度提升：吕世伦、付池斌[8]和张娟[9]详细讨论了卢

① 参见［美］卡尔·卢埃林:《现实主义法学——下一步》，孙新强译，载陈金钊、谢晖:《法律方法》(第10卷)，山东人民出版社2010年版。

② 参见［美］杰罗姆·弗兰克:《如何打造优秀的法学教育》，王晨光译，载《法学杂志》2012年第5期。

③ 参见［美］罗伯特·黑尔:《“非强制”国家的强制与分配》，周望译，载冯玉军选编:《美国法律思想经典》，法律出版社2008年版，第17~32页。

④ 参见［美］费利克斯·柯恩:《荒唐的先验与功能主义进路》，周望译，载冯玉军选编:《美国法律思想经典》，法律出版社2008年版，第46~77页。

⑤ 参见付池斌:《卢埃林：书本法不同于现实法》，黑龙江大学出版社2010年版。

⑥ 参见许庆坤:《美国冲突法理论嬗变的法理——从法律形式主义到法律现实主义》，商务印书馆2009年版。

⑦ 参见陆宇峰:《美国法律现实主义——起源、发展及影响》，载高鸿钧等:《英美法原论》(下)，北京大学出版社2013年版，第1263~1292页。

⑧ 参见吕世伦、付池斌:《现实主义法学对美国法学教育的影响》，载《东岳论丛》2006年第2期。

⑨ 参见张娟:《什么是法律现实主义——庞德、卢埃林、弗兰克之争》，载《西南政法大学学报》2010年第5期。

埃林、弗兰克的现实主义法学与庞德的社会学法学的理论争论；许庆坤、[1] 刘翀、[2] 陆宇峰[3]基于丰富的文献对现实主义法学的核心观点重新予以归纳提炼，并深入分析了法律现实主义运动的缘起、兴衰和影响；孙新强[4]和刘剑[5]分别从司法"宏大风格"和司法裁判"可估量性"入手，细致解读卢埃林《普通法传统》；孙启东、范进学依据对《法与现代心智》一书的全面阅读，重构了弗兰克对"法律不确定性"的讨论；[6] 柯岚从法律方法的角度出发，质疑现实主义法学对形式主义法学的"妖魔化"；[7] 于晓艺也在聚焦法律现实主义"批判"精神的同时，着重讨论了其局限性；[8] 还有张娟论述了卢埃林关于法学研究的思想，[9] 吕世伦、

---

① 参见许庆坤：《重读美国法律现实主义》，载《比较法研究》2007 年第 4 期。

② 参见刘翀：《现实主义法学的批判与建构》，载《法律科学》2009 年第 5 期。

③ 参见陆宇峰：《美国的法律现实主义：内容、兴衰及其影响》，载《清华法学》2010 年第 6 期。

④ 参见孙新强：《论普通法的"宏大风格"》，载《法制与社会发展》2007 年第 1 期。

⑤ 参见刘剑：《可估量性：经由传统而实现的"神话"——评卡尔·卢埃林的〈普通法传统〉》，载《河北法学》2007 年第 1 期。

⑥ 参见孙启东、范进学：《弗兰克法律现实主义观述论》，载《山东社会科学》2007 年第 3 期。

⑦ 参见柯岚：《法律方法中的形式主义与反形式主义》，载《法律科学》2007 年第 2 期。

⑧ 参见于晓艺：《反传统的美国法律现实主义》，载《中国海洋大学学报（社会科学版）》2011 年第 2 期。

⑨ 参见张娟：《卢埃林关于法学研究的思想》，载《中南大学学报（社会科学版）》2010 年第 5 期。

付池斌[①]和刘剑[②]分析了现实主义法学对于美国法律教育的影响，陆宇峰[③]从“建构主义认识论”的角度重新解读了弗兰克的“事实怀疑论”。尽管如此，晚近的国内研究成果仍然过度强调法律现实主义的“反传统”色彩，忽略其立足传统的“本土化”面向，未能聚焦其“美国背景”和“美国特色”，未能发掘其与美国“国家崛起”历史的内在关联。

长期以来，国外的相关研究也倾向于为法律现实主义贴上“反传统”标签，但一些不支持“反传统”叙事的研究成果不断零散地出现。富勒、[④] 康特洛维茨[⑤]早已指出现实主义者固守“普通法传统”、抵御欧陆法学思潮的倾向；吉尔莫[⑥]强调形式主义法学与现实主义法学一样，都试图对“南北战争”以前的美国“普通法危机”做出回应；怀特[⑦]揭示了“一战”前后迥异的思想氛围，重新划定了法律现实主义阵营，使之与更具理想色彩的

---

① 参见吕世伦、付池斌：《现实主义法学对美国法学教育的影响》，载《东岳论丛》2006 年第 2 期。

② 参见刘剑：《美国法律现实主义视野下的法学教育》，载《当代法学》2009 年第 3 期。

③ 参见陆宇峰：《“事实怀疑论”的浅薄与深刻——弗兰克法律现实主义再解读》，载《江汉论坛》2014 年第 10 期。

④ See Fuller, *American Legal Realism*, 82 U. Pa. L. Rev. 429 (1934).

⑤ See Kantorowicz, *Some Rationalism about Realism*, 43 Yale L. J. 1240 (1934).

⑥ See Gilmore, *Legal Realism: Its Cause and Cure*, 70 Yale. L. J. 1037 (1961).

⑦ See White, *From Sociological Jurisprudence to Realism: Jurisprudence and Social Change in Early Twentieth-Century America*, 58 Virginia L. Rev. 999 (1972).

各种“进步主义法学”得以区分；特文宁①明确否定了法律现实主义与罗斯福“新政”的“同盟”关系，并暗示法律现实主义运动完全是一种美国现象；莱特澄清了关于现实主义法学错误“定义”法律的广泛误解。② 这些国外研究构成了反思法律现实主义研究的主流叙事——“反传统叙事”的基础，有助于重新理解现实主义法学适应美国“一战”后的快速发展。

本研究的意义首先在于解答法律现实主义研究中的一系列难题，包括但不限于：(1) 现实主义法学并非形式主义法学的唯一批评者，为何只有它取得了公认的成功？(2) 为何一些现实主义法学家从怀疑法律确定性出发，却走向了承认司法裁判的可预测性和维护“普通法传统”？(3) 为何法律现实主义内部出现了“规则怀疑论”与“事实怀疑论”的分歧？两派之间是否仍然存在共同的理论目标？(4) 为何霍姆斯、布兰代斯、庞德等学者被视为现实主义法学先驱，却一再受到现实主义法学家的批评？实用主义法学、社会学法学与现实主义法学是何种关系？(5) 诸多现实主义法学家确实以不同方式支持或者参与了罗斯福“新政”，但法律现实主义本身与“新政”理念真的一致吗？法律现实主义应当被视为“新政”的“官方法学”吗？(6) 法律现实主义运

① See Twining, *Talk about Realism*, 60 N. Y. U. L. Rev. 329 (1985); Twining, *Karl Llewellyn and the Realist Movement*. Second Edition, New York: Cambridge University Press, 2012, p. 375 – 376.

② See Leiter, *Legal Realism and Legal Positivism Reconsidered*, 111 Ethics. 278 (2001).

动并不注重吸收欧陆的法学思想，它究竟是欧洲大陆“自由法运动”的对应物，还是一场深具美国特色的本土智识运动？融贯地回答这些难题，将撕下主流意见为法律现实主义贴上的“反传统”标签。

其次，本研究也可能有助于重新定位法律现实主义，既不像大多数研究者那样从一般法律思想史的角度出发，将之理解为一股反对法律形而上学的“怀疑主义”潮流；也不像批判法学家那样从美国政治发展史的角度出发，将之描述为一种带有浓厚政治意识形态色彩的“反保守主义”，而是同时兼顾法律现实主义所面对的美国特有的法律发展困境，以及美国在“一战”后快速发展的背景，将之解读为立足其本国传统、解决其本国问题、建构其“本土法学”的努力。

第二章 法律现实主义研究中的“反传统”叙事

在中外研究者的大量成果中，20 世纪 30 年代前后兴起的美国法律现实主义总是与“激进”“反叛”“挑战”“颠覆”“离经叛道”“破坏性”“怀疑论”这样的词汇联系在一起，被公认为一股“反传统”色彩浓厚的法律思想运动。

一些研究者批评法律现实主义破坏了法律和法学研究的传统，不适合现代法治社会。比如，米切姆①称法律现实主义是“绝望的法理学”“懒人的法理学”，在他眼中，现实主义法学家就像妄图逃离“韵律”限制的自由诗人那样，希望摆脱法律和法治的约束；富勒②批判“这场反‘概念主义’运动走得太远了”，陷入了“唯名论”和“行为主义”的窠臼；法律现实主义的重要理论家阿诺德③自己也说：“现实主义法学对于一个病态、动荡的

---

① See Mechem, *The Jurisprudence of Despair*, 21 Iowa L. Rev. 669 (1936), p. 671.

② See Fuller, *American Legal Realism*, 82 U. Pa. L. Rev. 429 (1934), p. 443.

③ See Arnold, *Judge Jerome Frank*, 24 U. Chi. L. Rev. 633 (1957), p. 635.

社会来讲是一剂良药……对于一个稳定的文明来讲却是不能当饭吃的。”我国研究者孙新强断言，“从其历史使命来看，现实主义法学的主要作用是破坏性的”①；彭灵勇强调，法律现实主义“最终结论必然是反对西方法律传统的精髓：法治原则”，不利于“没有法制传统”的中国的法制现代化；② 柯岚更是尖锐地抨击“以法律现实主义为代表的‘反叛形式主义’运动”使形式主义法学成为“法律理论中一个确定无疑的贬义词”，导致法学面临丧失自身自治性的危机。③

更多研究者认为，法律现实主义摧毁了已成糟粕的法律和研究法学传统，适应于现代社会和现代法律的发展。比如，辛格说：“今天，我们都是法律现实主义者。法律现实主义从根本上改变了我们的法律推理理论，以及关于法律与社会之关系的理论。在改善法律话语方面，在清除自我管制的市场体系理念方面，法律现实主义都获得了明显的成功”④；安布罗休指出，“在 20 世纪的大多数时间里，法律现实主义理念都对既有的正统提出挑战，构成法律改革的推动力”⑤。我国研究者于晓艺说：“‘离经叛道’的法律现实主义者，一方面对传统的法律观念掀起了猛

---

① 孙新强：《论普通法的“宏大风格”》，载《法制与社会发展》2007 年第 1 期。

② 参见彭灵勇：《对现实主义法学的反思》，载《社会科学家》1997 年第 1 期。

③ 参见柯岚：《法律方法中的形式主义与反形式主义》，载《法律科学》2007 年第 2 期。

④ Singer, *Legal Realism Now*, 76 Cal. L. Rev. 465 (1988), p. 467.

⑤ Ambrosio, *Legal Realism*, 2000 N. J. Law. 30 (2000), p. 38.

烈的冲击，另一方面也指引了一种新的学术研究方向”①；许庆坤认为：“美国法律现实主义不仅颠覆了传统法律思维范式，而且也在美国社会转轨时期对变革美国法制和法学教育提出了初步方案”②；叶平则指出，现实主义法学领袖卢埃林主持编撰的《美国统一商法典》“作为一个反传统的甚至对于英美法系‘大逆不道’的‘新事物’……是相当成功的”③，带来了“二战”后美国经济的高速发展和美国商法的可预见性。

要言之，无论是批评者还是支持者，都明确采用一种“反传统”叙事来阐述美国法律现实主义运动，“反传统”叙事已经成为法律现实主义研究中的主流叙事。结合各方面的研究成果来看，支撑这一主流叙事的依据主要有三：一是法律现实主义颠覆了自“南北战争”以降主导美国法学研究和法律教育半个世纪的“兰德尔式”法律形式主义；二是法律现实主义清算了从 19 世纪末一直延续到 1937 年“宪法革命”，深受法律形式主义、社会达尔文主义、自由放任经济学影响的“洛克纳式”保守司法实践；三是法律现实主义者结盟罗斯福“新政”并成为 20 世纪 30 年代的美国“官方法学”，对美国政治造成了革命性的影响。

① 于晓艺：《反传统的美国法律现实主义》，载《中国海洋大学学报（社会科学版）》2011 年第 2 期。

② 许庆坤：《重读美国法律现实主义》，载《比较法研究》2007 年第 4 期。

③ 叶平：《卢埃林与统一商法典》，载《私法》2011 年第 1 期。

一、颠覆法律形式主义

在比克斯看来，“所有法律现实主义者共同分享的唯一主张是反对法律的形式主义进路”[①]。“法律形式主义进路”的典型，既包括18世纪英国《布莱克斯通释义》构造的普通法体系，也包括19世纪法国注释法学派和德国潘德克顿学派构造的概念法学体系，但主要还是指美国自“南北战争”之后由哈佛大学法学院院长兰德尔（Christopher Langdell）及其同事和学生阐述的“法律科学”体系。这种被现实主义者称为“法律形式主义”的法律科学曾经是美国法学的“正统”，但自20世纪二三十年代以降，经由法律现实主义的全面批判而被彻底颠覆。

（一）兰德尔的“古典正统”

在法律现实主义运动兴起之前，兰德尔的法律科学是美国法学的主流，被后人称为“兰德尔正统”或曰“古典正统”。按照托马斯·格雷（Gray T）的分析，其基本理论目标可以概括为5个方面：[②]

一是法律的融贯性（comprehensiveness）。法律体系应当是融贯的，能够提供一种解决机制，使每个个案都可以获得唯一的司

① ［美］布赖恩·比克斯：《法理学：理论与语境》，邱昭继译，法律出版社2007年版。

② Gray T, *Langdell's Orthodoxy*, 45 U. Pitt. L. Rev. 1 (1983).

法管辖。如果由于实体法没有作出明确的规定，导致法院无法对一项纠纷进行裁判，这个法律体系就存在“程序漏洞”；如果两个法院有权处理同一项纠纷并作出不同的裁判，与此同时，又没有制度机制解决这种冲突，这个法律体系就存在“程序重叠”。法律科学应当消除程序漏洞和程序重叠，为法律体系塑造融贯性。

二是法律的全面性（completeness）。法律体系应当是全面的，能够为每个个案提供唯一正确的答案。如果存在实体法上的漏洞，即某些事实情境缺乏可适用的法律规范，或者存在实体法上的重叠，即一项事实情境可以适用多个实体规则，这种法律体系就不具有全面性。大多数现代法学家认为，法律体系可以实现融贯性，但无法实现全面性；如果法院必须处理一切个案，那么在“疑难案件”的情况下，毫无疑问需要法官“造法”或者在相互矛盾的实体规则之间作出选择。“兰德尔正统”却相信，法律体系的全面性也是可以实现的。

三是法律的形式性（formality）。法律体系应该是形式性的，能够经由理性的、三段论式的演绎推理，得出个案的裁判结论，无须考虑外在于法律的实质价值判断。普遍的法律形式性是实现法律体系全面性的充分条件——如果每个个案都能够通过无矛盾的、形式理性的演绎推理得出结论，那么它们就都有唯一正解。通过法律的形式性获得法律的全面性，是“古典正统”的核心目标。

四是法律的概念秩序（conceptual order）。法律体系应当从概念层面加以有序的组织，从而使位于体系底部的大量实体规则，能够从位于体系顶端的少数相对抽象的原则和概念中推导出来；“顶端”本身则构成内在协调的体系。这种概念秩序是形式性的，诸多裁判规则基于抽象的原则和概念演绎而成，但推导裁判规则的过程，也可以采用不严格的形式，从而产生一个不具形式性却又有序的体系。在这个有序的法律体系之中，从抽象到具体，依次存在区分各种法律部门的“类别范畴”（classificatory categories，如契约、侵权、犯罪等）、在诸原则中使用的“运作概念”（operative concepts），以及由此产生的“裁判规则”（decisive rules，如约因、近因、故意等）。

五是可接受性（acceptability）。法律体系应当是可接受的，符合受其调整者的理念和愿望。此处所谓“可接受性”，主要是指法律体系应当取向于法律的内在价值目标，亦即合法性目标，但也暗含了一些外在的社会价值目标。例如，通过形式性获得的全面性，满足了人们合理预测官员行动，以便安排自己生活的需要；又如，形式性常常与个人自由的理念结合在一起，与“法律的统治而非人的统治”这样的口号联系在一起。

从上述五项理论目标来看，“兰德尔正统”相信法律是一门科学，其基本范式源于欧几里德几何学，在牛顿经典力学中获得了完美展现，其哲学基础则是信奉真理体系独立性的笛卡尔现代主义。① 兰德尔希望通过“法律科学”的建构，从杂乱无章的普通法先例中提炼出一套逻辑自洽的法律原则体系，进而指导司法实践获得个案的唯一正解。相应地，就法学研究和法学教育而言，“图书馆就是教授和学生们真正的工厂，它对我们的意义就如同大学实验室对化学家和物理学家、自然历史博物馆对动物学家、植物园对植物学家的意义一样”。法律科学家和法学院学生应当将图书馆里的上诉法院判决书作为研究和学习的中心，从中归纳法律的原则和规则，努力将之整理成一个封闭、自足的科学体系，并且精于通过演绎推理将适当的原则或者规则适用于类似的个案。基于这样的认识，兰德尔在哈佛大学法学院首创了一套“苏格拉底式”的“案例教学法”，他和他的同事们根据上诉法院判决书编纂了一系列案例教科书，通过运用真实或者虚构的案例启发学生讨论法律的原则和规则。②

从兰德尔担任哈佛大学法学院院长的 19 世纪 70 年代起，上述法律科学以及相应的研究方式和案例教学法就取得了巨大的成功，整整统治了美国法学界半个世纪之久。但随着法律现实主义运动在 20 世纪 20 年代登上历史舞台，对法律现实主义展开全方位的批判，所有这一切都轰然崩塌了。

---

① 参见［美］斯蒂芬·M. 菲尔德曼：《从前现代主义到后现代主义的美国法律思想》，李国庆译，中国政法大学出版社 2005 年版，第 166 ~ 193 页。

② 参见柯岚：《法律方法中的形式主义与反形式主义》，载《法律科学》2007 年第 2 期。

（二）法律现实主义的批判

法律现实主义者为“兰德尔正统”贴上了“形式主义法学”的标签，全面批判了其理论目标以及相应的研究方法和教育方式。

首先，几乎“法律科学”的所有理论目标都遭遇了现实主义法学家的解构：

1. 法律不可能是全面的。一方面，与大陆法国家的立法者一样，在普通法国家，法官作为先例的作者，不可能预见尚未发生的情况，这就决定了从先例之中提炼出来的法律体系必然存在规则漏洞；另一方面，在不同时期、不同地域，由不同法官创制的先例，不可能完全相互协调，这就决定了法律体系必然存在规则重叠。形式主义的“法律科学家”企图掩饰这些无可避免的漏洞和重叠，出于这个目的，他们不断重述先例中的“法律”，构建完美的“实体法”体系。这种“法律重述”，既是为了减少矛盾的规则和边缘性的案件，不断将特殊性涵括进普遍理论的过程；也是忽略大量实际起作用的规则和实际发生的案件，甚至虚构案例，以形成逻辑一致的原则体系的过程。①

2. 法律的形式性要么是虚伪的，要么是僵化的。一方面，符合形式性要求的法官“论证过程”与诉诸实质考量的法官“裁判

---

① See Arnold, *The Role of Substantive Law and Procedure in the Legal Process*, 45 Harv. L. Rev. 617 (1932), p. 631 – 633, 646 – 647.

过程”可能并不一致。反映在判决书中的论证过程遵循所谓“理性的逻辑演绎”，即以法律原则为大前提，以法律事实为小前提，顺理成章地推导出裁判结论。但真实的裁判过程可能同时考虑了法律和法律之外的多种因素，包括政策和个案的现实社会情境等；也可能根本就是借助“直觉”或者“预想”,① 从个案事实的极少前提出发形成大致结论，由此受到法官“个性”的巨大影响。这种个性的成因“包括他的父母、他所受的教育、他的老师和同伴、他所认识的人、与他结婚或没有结婚的女人、他的孩子、他所读过的书籍和文章等”②。在这种情况下，诉诸逻辑演绎的论证过程，不过是裁判过程的事后合理化罢了。另一方面，如果论证过程和裁判过程都严格按照法律形式性和演绎逻辑的要求进行，则必然出现许多无视现实、僵化保守的司法判决，因为从过去的判例中抽象出来的形式法必然不够全面和“与时俱进”。

3. 法律的概念秩序只是一套“先验的废话”。③ 一方面，法律概念只是一种“理想化”机制或者简化的规则“记忆”机制，当它们脱离潜藏其中的事实基础和价值判断，抽象地呈现在判决书中的时候，根本就看不出司法裁判的真正理由。另一方面，由

---

① See Hutcheson, *The Judgment Intuitive: The Function of the "Hunch" in Judicial Decisions*, 14 Cornell L. Q. 274 (1928).

② ［美］杰罗姆·弗兰克：《初审法院——美国司法中的神话与现实》，赵承寿译，中国政法大学出版社 2007 年版，第 164 页。

③ Cohen F, *Transcendental Nonsense and The Functional Approach*, 35 Colum L. Rev. 809 (1935).

抽象概念构成的“纸上规则”，无论是先例原则还是制定法规则，都留下了太大的解释空间：先例的原理好比杰纳斯的两张脸，当法官使用严格解释时，会将规则关联于先例中的特定事实，从而拒绝在当前案件中援引；当法官进行模糊解释时，则会将特定的事实普遍化，将该先例视为某种一般性规则的象征，从而在当前案件中予以援引。[①] 制定法解释同样采用了相互矛盾的标准，比如“一条成文法不能超越其文本”，又如“为了实现立法目的，一条成文法必须超越文本而实施”[②]。

4. 由此构造的法律体系根本不具有可接受性，或者只是营造了可接受的表象。一方面，法律科学体系维系了“法律确定性”这一“基本法律神话”（basic legal myth），迎合了普通人“儿童似的”对于法律稳定的渴望，但将“马车时代”的法律用于工业时代并不值得期待，反而会桎梏社会的发展和法律自身的现代化；[③] 另一方面，法院可能通过解释和论证不断改变和重塑法律规则，但为了制造“法治”的幻觉，迎合普通人对于“法律可预测性”的渴望，它们用令人眼花缭乱的抽象概念和貌似严谨的演绎逻辑，掩盖了改变和重塑法律的真实理由，没有将这些理由反映到判决书中，这就反而使司法裁判丧失了可预测性。米切姆认

① See Llewellyn, *The Bramble Bush: On Our Law and Its Study*, New York: Oceana Publications, 1960, p. 78 – 81.

② Llewellyn, *Remarks on the Theory of Appellate Decision and the Rules and Canons about How Statutes Are to Be Construed*, 3 Vand. L. Rev. 395 (1950), p. 399.

③ See Frank, *Law and the Modern Mind*, Gloucester, Mass: Peter Smith, 1970, p. 7.

为，现实主义者“共享一种假定，认为世界，至少法律的世界，根本上是无序的。他们联合起来否定法律规则的可能性或者存在，亦即否定由国家制定并由国家通过法院等机构可预测地执行的先例、规则或者行为规范的可能性或者存在。这种规则的存在被视为基本的神话，被法律人用来欺骗公众，而这些法律人自己也容易被同样的神话欺骗”。①

其次，基于对其基本目标的批评，现实主义者进一步指出了兰德尔形式主义法学对法学研究的严重误导。三种批评意见非常具有代表性：

1. 弗兰克认为形式主义法学忽视了“个案的事实”。② 真实的法律世界是“三维”的，除“规则”和“判决”之外，“事实”之维不仅不可或缺，甚至更为重要。个案的事实总是初审法官或者陪审团根据相互矛盾的当事人陈述、证人证词、律师意见认定的主观事实，这种主观事实的真实认定过程不可分析、不可表达，无法通过判决书反映出来；法官完全可以根据自己想要适用的规则，逆向地、选择性地采纳相关证据和建构个案事实，从而使人们无法检验其事实认定是否正确。更不用说，大多数案件在初审法院那里已告终结，而几乎所有上诉案件都假定初审法院已经正确认定了事实。因此，初审法院才是整个司法体系的核心，事实认定才是整个司法运作的中心。根据错误认定的事实讨

① See Mechem, *The Jurisprudence of Despair*, 21 Iowa L. Rev. 669 (1936), p. 670.

② See Frank, *Say It with Music*, 61 Harv. L. R. 921 (1948).

论应当适用何种规则，这样的研究与个案公平并无关系。

2. 卢埃林认为形式主义法学忽视了“官员行为的事实”。[①] 形式主义法学将“规则”视为法律思考的中心，但规则混杂了实际的“救济”与虚幻的“权利”乃至错综复杂的“利益”，内涵模糊不清、“应然”“实然”不分，并且充斥着理想性的简化和体系化。法学研究不能聚焦这样一套没有经过生活检验、与现实的法律运作完全脱节的“言辞”，必须转向官员的实际行为。唯有如此，才能检验：规则与裁判实践何时相符合，何时相偏离？有多少符合，多少偏离？如何发生符合，如何形成偏离？正是在这个意义上，卢埃林声称“官员关于争端所做的，在我看来，就是法律本身”；“规则之所以重要，仅因为它帮助我们了解或预测法官将做什么事，或者帮助我们促使法官做什么事”。对于各种新兴行政规制机构和委员会创制的行政法，法兰克福特也告诫法学家们“必须特别当心未经‘行动中的法’的现实验证的过早的综合，贫瘠的一般化”[②]。

3. 奥利芬特和穆尔认为形式主义法学忽视了“社会实践的事实”。奥利芬特例证道：在同样涉及不竞争承诺问题的案件中，买方与卖方之间的不竞争承诺一般都会得到法院的确认，而雇主

---

① See Llewellyn, *A Realistic Jurisprudence—The Next Step*, 30 Colum. L. Rev. 431 (1930).

② Frankfurter, *The Task of Administrative Law*, 75 U. Pa. L. Rev. 614 (1926), p. 619.

与雇员之间的不竞争承诺，则通常不会被法院要求强制履行。不是抽象的法律规则，而是时下盛行的“非正式商业规范”促成了这种不一致的司法判断。[①] 穆尔也通过实证研究表明，各州在银行法领域的不同司法裁判，可以根据当地的不同实践加以合理解释；相反，形式主义法学以抽象规则为研究中心，无法解释不同具体类型、不同地域的不同司法裁判，只能将之归诸逻辑上禁止的矛盾，以形式理性的教条否定其实践合理性。[②]

最后，“兰德尔式”的案例教科书和案例教学法也遭到了法律现实主义的抨击。[③] 为了法律原则的清晰性和法律体系的逻辑自洽，“兰德尔式”的案例教科书选用的案例数量有限且相对陈旧，案例教学甚至经常使用虚构的案例。无论在教科书的编纂中，还是在案例教学的过程中，案例说到底“仅仅是用以从中抽出原则的材料”，其本身并没有得到真正的重视；学生们阅读了一些判决书和书面的判决理由，学习了一些从中归纳出来的法律原则，以及将这些法律原则经由逻辑演绎加以适用的方法，却没有阅读任何背景材料，因此缺乏法律之外的背景知识，不了解个案所处的社会情境和引起纠纷的社会实践；各种基本法律概念按照逻辑关系进行分类，进而用于组织和编排案例教材，但从功能

① See Oliphant, *A Return to Stare Decisis*, 14 A. B. A. J. 71 (1928), p. 159.

② See Moore & Hope, *An Institutional Approach to the Law of Commercial Banking*, 38 Yale L. J. 703 (1928). Moore & Sussman, *Legal and Institutional Methods Applied to the Debiting of Direct Discounts*-Ⅰ, Legal Method: Bankers Set off. 40 Yale L. J. 381 (1930).

③ See Twining, *Two Works of Karl Llewellyn*, 30 Mod. L. Rev. 514 (1967).

角度和问题主义进路来看，这种分类往往并不恰当。更重要的是，“兰德尔式”的教育理念仅将法律视为“科学”而非“技艺”，所传授的“纯技术性”知识既狭隘又缺乏眼界，难以使学生获得从事律师实务需要具备的更广泛技能。

（三）全面胜利

经过一场理论大批判，法律现实主义赢得了对“兰德尔正统”的全面胜利，使形式主义法学成为“法律理论中一个确定无疑的贬义词”①。在此之后，其研究方式逐渐淡出了美国法学舞台的中心，其教育模式的局限性也得到了充分暴露。20 世纪 30 年代以后，尽管美国法学会的“老兰德尔主义者们”仍然试图通过“法律重述”，以“抽象的、具有概念体系的、形式化的方式”呈现普通法，但形式主义法学已是明日黄花。② 卢埃林、弗兰克、科宾、库克、阿诺德、奥利芬特、穆尔、云特马、哈奇森、黑尔、菲利克斯·科恩、雷丁等一大批法律现实主义者越来越吸引美国学界的关注，霍姆斯、布兰代斯、庞德、卡多佐、霍菲尔德、格雷等大法官或者著名学者，则被视为现实主义法学的精神导师或者先驱人物；在包括契约法、财产法、银行法、票据法、

① 柯岚：《法律方法中的形式主义与反形式主义》，载《法律科学》2007 年第 2 期。

② 参见［美］斯蒂芬·M. 菲尔德曼：《从前现代主义到后现代主义的美国法律思想》，李国庆译，中国政法大学出版社 2005 年版，第 206 页。

诉讼法、冲突法和司法制度在内的多个法学领域，“反概念主义”的思维模式和“事实中心主义”的研究方法都产生深刻影响，形成了大量广为引用的批判性作品或者实证研究成果；在法理学领域，现实主义法学更是取代兰德尔的“法律科学”，成为最受重视的美国法学思潮，被富勒、康特洛维茨、哈特、[①]德沃金、[②]哈贝马斯[③]等20世纪的理论大师反复讨论。

作为一场思想运动，法律现实主义在“二战”后走向了衰落。但新兴法律思想也从现实主义中汲取养分，有的回应了现实主义的洞见，有的成为现实主义的“当代版本”。“二战”后兴起的“过程学派”尽管严格区分司法与立法的职能，将法院限制在可以通过对规则的“理性建构”而非政策考量加以决定的问题范围内，却分享了“抽象原则不能决定具体案件”的现实主义理论，将关注焦点从实体的“法律原则”转向了法律制度运行的过程。[④] 几十年来长盛不衰的“经济分析法学”，用“成本—收益”模型评估法律制定和司法裁判的合理性，从经济学角度因循了“纸上规则”应当适应具体实践的现实主义方法论；用市场竞争

---

① 参见［英］哈特：《法律的概念》，张文显等译，中国大百科全书出版社1996年版，第124～152页；Hart, *American Jurisprudence through English Eyes: the Nightmare and the Noble Dream*, 11 Ga. L. Rev. 969 (1977)。

② 参见［美］德沃金：《法律帝国》，李常青译，中国大百科全书出版社1996年版，第33～34页。

③ 参见［德］尤根·哈贝马斯：《在事实与规范之间》（第2版），童世骏译，生活·读书·新知三联书店2011年版，第247～249页。

④ See Singer, *Legal Realism Now*, 76 Cal. L. Rev. 465 (1988), p. 506.

模型揭示法律和政策形成的政治过程，体现了现实主义重视实际法律运行的理念。随着20世纪60年代前后反战运动、民权运动和新左派运动的展开，“批判法学”在美国蓬勃发展，批判法学家延续了对司法形式主义导致“法律确定性”丧失的思考，并进一步把法律的不确定归咎于与政治的紧密关联；后继的“女权主义法学”和“种族批判法学”，将批判的矛头从笼统的资本主义社会结构转向潜藏其中的父权制和种族主义，也吸收了抽象规则在不同“类型情境”下呈现不同“情境意义”的现实主义观点。[①] 20世纪七八十年代，应对批判法学引发的法律信任危机，又出现了试图调和程序正义与实质正义的“新公法运动”。[②] 新公法思想既不赞成私法优先的“洛克纳主义”，也不同意公法优先的“新政”理念，而是否定公私法分界，主张平等原则在法律领域中的全面实现，这也符合现实主义的反概念主义思维模式。[③]

从法学教育的角度看，法律现实主义打破了兰德尔案例教科

---

① 参见 Hasnas, *Back To The Future: From Critical Legal Studies Forward To Legal Realism*, 45 Duke L. J. 84 (1995)；朱景文：《对西方法律传统的挑战——评美国批判法律研究运动》，载《中国法学》1995年第4期。

② See Eskridge & Peller, *The New Public Law Movement: Moderation as a Postmodern Cultural Form*, 89 Mich. L. Rev. 707 (1991).

③ 尽管批判法学家认为，新公法的右翼回归“新形式主义”，简单适用平等保护原则；左翼“政策分析”通过对法律的操作性处理，掩盖法律的政治性；但二者都已走出对法律体系独立性的偏执，试图把握法律自治与开放的张力。参见［美］邓肯·肯尼迪：《法律与法律思想的三次全球化：1850—2000》，高鸿钧译，载高鸿钧主编：《清华法治论衡》第12辑，第106～107页；T. Grey, *The New Formalism*, Stanford Public Law and Legal Theory Working Paper Series, 1999。

书和“案例教学法”的垄断，拉近了法学院与社会的距离。20世纪20年代，哥伦比亚法学院率先进行课程改革，卢埃林、奥利芬特、多灵、穆尔等现实主义法学家等编纂的案例教科书收录了更多更新的真实案例，根据社会问题和社会情境进行“功能”取向的概念分类，在阅读材料中加入了经过处理的大量经济史、社会学背景知识，并明确地运用一种法律运作理论作为指导，以期培养兼具广度、深度、平衡、眼界和人性的法律事务工作者；①20世纪30年代，耶鲁法学院响应卢埃林的倡导，将非法律专业的社会科学家引入教师队伍，又在弗兰克的呼吁下开设了“事实发现”课程，引导学生观察案例和条文之外的真实法律运作。尽管这些举措当时仅限于少数精英法学院，大量私立法学院既无条件也无兴趣模仿，但却直接刺激了整个美国法律界提高法学教育标准和律师职业准入门槛的努力，对于1960年后涵盖政治学、经济学、社会学的各种交叉性法律学科的产生，“模拟法庭”“法律诊所”等全新法学教育形式的涌现，则起到了开创性的作用。②

总而言之，在今日美国的法学研究和法律教育中，随处可见

---

① See Twining, *Two Works of Karl Llewellyn*, 30 Mod. L. Rev. 514 (1967).

② 参见［美］罗伯特·斯蒂文斯：《法学院：19世纪50年代到20世纪80年代的美国法学教育》，阎亚林等译，中国政法大学出版社2003年版，第207~258页；吕世伦、付池斌：《现实主义法学对美国法学教育的影响》，载《东岳论丛》2006年第2期。

法律现实主义的身影，以至于卡尔曼①和辛格②等美国学者说："如今，我们都成了现实主义者"。相形之下，形式主义法学尽管仍然像一个幽灵一样发挥着潜在的影响，但已完全失去了昔日的光芒。

二、清算司法保守主义

至少从联邦层面来看，保守主义是美国司法的一项传统。由于美国宪法本身的保守性质、"遵循先例"原则的实施、大法官非民选且终身任职三方面的制度原因，"美国联邦最高法院一直是保守势力的中流砥柱"③。这种司法保守主义传统在19、20世纪之交的"洛克纳时代"达到了顶峰，但在法律现实主义运动的冲击下走向终结。

（一）美国司法的"洛克纳时代"

法律现实主义者不仅颠覆了法律形式主义的理论，而且清算了"洛克纳时代"美国联邦最高法院的保守主义司法。"洛克纳时代"，一般被认为始于1897年"奥尔盖耶诉路易斯安那州

① See Kalman, *Legal Realism at Yale* 1927 - 1960, Chapel Hill: The University of North Carolina Press, 1986, p. 229.

② See Singer, *Legal Realism Now*, 76 Cal. L. Rev. 465 (1988), p. 647.

③ 胡晓进、任东来：《保守理念与美国联邦最高法院——以1889—1937年的联邦最高法院为中心》，载《美国研究》2003年第2期。

案”[①]，在 1905 年的“洛克纳诉纽约州案”[②] 达到顶峰，经过 1923 年“艾德金斯诉儿童医院案”[③]，直到 1937 年的“西海岸饭店公司诉帕里什案”[④] 判决正式推翻了“艾德金斯案”的先例才告终结，时间长达 40 年之久。这个时代是美国社会从自由资本主义向垄断资本主义过渡的时代，商业资本的高度聚集和两极分化的持续加剧引致了发源于平民阶层，要求扩大行政权力、发展社会福利、限制大公司经济垄断、保障劳工和妇女平等权益的“进步主义运动”。在进步主义理念的推动下，各州立法机关也不断出台旨在干预经济、促进社会平等的立法。[⑤] 但美国联邦最高法院以宪法第五修正案和第十四修正案“正当程序”条款的名义，通过运用“司法审查”权，在短短几十年间否决了数百件这样的州立法，以“能动主义”的司法姿态作出了大量保守主义的司法判决。

美国宪法第五修正案规定：“未经正当法律程序，不得剥夺任何人的生命、自由或财产”，第十四修正案第 2 款规定：“无论何州，未经正当法律程序不得剥夺任何人的生命、自由或财产”；两款规定分别对联邦和州的立法权施加了限制。“南北战争”之

① Allgeyer v. Louisiana, 165 U. S. 578 (1897).

② Lochner v. New York, 198 U. S. 45 (1905).

③ Adkins v. Children's Hospital, 261 U. S. 525 (1923).

④ West Coast Hotel Co. v. Parrish, 300 U. S. 379 (1937).

⑤ 参见冯伟年：《论美国进步运动的历史背景及其社会影响》，载《西北大学学报（哲学社会科学版）》2001 年第 2 期。

前，上述第五修正案被理解为“程序性正当法律程序”，仅仅赋予美国联邦最高法院审查立法程序是否正当的权力；但在“南北战争”之后，上述两个修正案都逐渐被理解为“实体性正当法律程序”，赋予了美国联邦最高法院审查立法内容合理性的权力，并在司法实践中与基于宪法第十修正案发展而来的“治安权”理论联系在一起，将州立法的范围限定为对州内公民的生命、肢体、健康、安适、安宁以及州内财产提供保护。

在 1897 年的“奥尔盖耶案”中，美国联邦最高法院就运用“实质性正当法律程序”，推翻了一部禁止个人与外州海上保险公司签订州内财产保险合同的州法。该案判决书指出，第十四修正案中所谓“自由”（liberty），不仅包含公民免于身体拘束的自由，而且包含居住在自己所喜欢居住的地方、过自己所喜欢过的生活、以自己所喜欢的方法营生、从事任何职业的权利，以及为更好地实现上述目的而缔结任何被认为适当、必要且不可或缺的合同的权利，从而第一次宣告“契约自由”是一种基本的宪法权利，剥夺他人签订契约的权利是违反正当法律程序的行为。在 1905 年的“洛克纳案”中，美国联邦最高法院再次依据“实质性正当程序”条款，以 5∶4 的投票认定 1895 年纽约州议会全票通过的《面包坊法案》无效。该法案规定，面包坊工人每天工作不得超过 10 小时或每周不得超过 60 小时。美国联邦最高法院认为，“制定法律去限制一个成年的、智力正常的人用来赚取生活费用的劳动时间，纯属多管闲事，是对个人自由的干涉”，这一规定在没有充分理由的情况下限制了契约自由，而根据“奥尔盖耶案”的先例，契约自由受《美国宪法》第十四修正案的正当程序条款保护。[①]“洛克纳案”的判决引发了大量质疑和批评，但美国联邦最高法院依然我行我素。在1923年的“艾德金斯案”中，大法官们再次认定华盛顿特区的一部涉及妇女最低工资的法律违反了第五修正案的“正当程序”条款，从而进一步巩固了契约自由的宪法权利地位。[②]

（二）霍姆斯的异议和法律现实主义的进攻

美国联邦最高法院为何在“洛克纳”时代秉持保守主义的司法理念？不同的研究者提出了不同的解释，概括起来至少包含三个方面：（1）从政治结构和政治历史的角度看，“南北战争”结束了美国的分裂状态，随着《美国宪法》第十四修正案的通过，联邦变得日益强大、坚不可摧，公法的重心相应地从巩固联邦转向限制政府权力、保障公民自由。（2）从社会意识和社会结构角度来看，斯宾塞的“社会达尔文主义”传入美国知识界，为经济上的自由放任提供了“科学”依据，反对干预经济交往的“法律

① 参见付瑶：《解读美国宪法史上的“洛克纳”时代（1897～1937年）》，载《中国法律》2012年第3期。

② 参见王书成：《论社会经济活动规制之合宪性推定——美国法的考察及启示》，载《法学》2009年第2期。

达尔文主义”也应运而生。[①] 批判法学家认为，这种生物学—社会学—政治学—法学的逐步渗透，符合当时原始积累已告完成、社会权力已经确立的大资产阶级利益，并成为他们对抗农民运动和民权斗争的理论工具。[②] （3）从法律思想角度来看，兰德尔的形式主义法学深刻地影响了司法实践，法官坚持通过僵化的逻辑演绎方法适用抽象的法律原则，全然不顾牺牲社会公平的恶劣后果。

“洛克纳案”之所以成为这个司法保守主义时代的代名词，引发了现实主义法学家的一致声讨，可能与他们极为推崇的霍姆斯大法官在该案中发表了异议意见有关。这份著名的异议意见似乎全面涉及上述三个问题：（1）他批评了多数派意见的“司法能动主义”姿态，认为美国联邦最高法院不应对代表民意的州立法进行过度司法干预：“我不认为这是我的责任，因为我坚信，我赞成也好，不赞成也好，都与多数人在法律中体现他们的权利无关”，“宪法是为持有各种截然不同观点的人制定的，我们偶然发现某些观点天然、熟悉或者新奇甚至令人震惊，但这不应当使我们就体现这些见解的法令是否违反合众国宪法这个问题作出判断”。（2）他以曲笔的方式指责多数派法官实际上不是遵循宪法，

① 参见［美］伯纳德·施瓦茨：《美国法律史》，王军等译，中国政法大学出版社1990年版，第102～105、124～129页。

② 参见［美］莫顿·J. 霍维茨：《美国法的变迁：1780—1860》，谢鸿飞译，中国政法大学出版社2004年版，第383～400页。

而是遵循社会达尔文主义和自由放任主义的经济理论：“宪法第十四条修正案并没有把赫伯特·斯宾塞先生的《社会静力学》制定为法律。……宪法的目的不在于体现某一个经济理论，无论是家长主义及公民与州的有机关系理论，还是自由放任主义理论。”(3) 他还明确表达了反对抽象的形式主义推理的态度，写下了一段被现实主义法学家广为引用的话：“抽象的原则不能裁判具体的案件。司法裁判依靠的是比任何表达得清楚有力的大前提更加精细的判断或直觉。”

现实主义法学家对“洛克纳案”的全部批评，都可以视为霍姆斯异议意见的引申。一方面，作为罗斯福“新政”的支持者，他们完全同意霍姆斯对“司法自制”的呼吁，以及对“社会达尔文主义”和“自由放任主义”的指责，认为法院不应阻碍政府将法律作为开展经济改革、促进社会福利的工具，使法律与现实社会的需要脱节。另一方面，尽管兰德尔及其拥趸基本上是私法学者，精心耕耘着合同、侵权、财产等有限的私法领域；在他们看来，公法尤其是宪法属于变动不居的政治领域，无法加以体系化，不是法律科学的研究对象。① 但对于现实主义法学家来说，“洛克纳案”的错误判决确实与形式主义法学的影响有关；该案判决的多数派法官正是由于将契约自由这项抽象原则作为大前提，并以逻辑演绎的方式适用于面包坊主与面包坊工人的雇佣契

① See Gray T, *The New Formalism*, Stanford Public Law and Legal Theory Working Paper Series, 1999, p. 6 – 7.

约，才得出了该契约不得通过州立法加以限制这一结论。在现实主义法学家看来，首先，绝对的契约自由原则根源于“公法”“私法”的概念主义二分，而公法与私法实际上存在交叉；其次，绝对的契约自由脱离社会现实，预设了一个政府不得干预的私人领域的先验存在，而私人领域的存在和持续存在都与政府行为分不开；再次，契约自由是一项过于抽象的原则，没有考虑不同具体契约类型背后的不同社会情境，在社会实践中，如果没有政府的干预，一些类型的契约根本无法体现当事人的自由意志；最后，仅仅依靠逻辑演绎方式适用契约自由原则是不可取的，在司法裁判的过程中，必须考虑法律的目的和裁判的后果。

（三）保守主义司法的终结

前文已经提到，美国联邦最高法院1937年的“西海岸饭店公司案”判决正式推翻了1923年“艾德金斯案”的先例，标志着“洛卡纳”时代的终结。在1923年的“艾德金斯案”中，美国联邦最高法院曾明确以宪法第五修正案的正当程序条款保护契约自由为依据，否定了哥伦比亚特区妇女最低工资法的效力。尽管“艾德金斯案”的多数意见承认“没有绝对的契约自由这种东西”，“在特殊情况下，可以行使立法权将契约自由予以剥夺”，且认为“萧条和就业竞争时期”就属于这种“特殊情况”，但一方面，该案最终还是进一步运用经济性的“实质性正当程序”巩固了契约自由原则，强调“契约自由是普遍规律，限制是例外”；

另一方面，1936 年，当美国仍然尚未走出“大萧条”的阴影之时，美国联邦最高法院却在“莫尔里德诉纽约州（根据蒂帕杜告发）案”[①] 中再度引用了该判例。

1937 年的“西海岸饭店公司案”又一次提出了类似的问题，即华盛顿州的《妇女最低工资法》是否合宪。这一次，首席大法官休斯陈述的多数意见同样涉及宪法的正当程序条款，但对该条款的理解发生了方向性的改变：“契约自由是什么？宪法并没有谈到契约自由。宪法谈到自由，禁止未经正当法律程序而剥夺自由。宪法在禁止剥夺自由时，并不承认一种绝对的和不能控制的自由。”“宪法意义上的自由必须受正当法律程序的限制以及与其对象有合理关系的管理，为了社会的利益实行管理就是正当法律程序”。基于这样的理由，最高法院不仅戏剧性地维持了华盛顿州《妇女最低工资法》的效力，而且宣布“艾德金斯诉儿童医院案的判决应该撤销而且已经撤销”。这样一来，原本被认为确认了契约自由原则的正当程序条款，就调转方向，具有了限制契约自由的意义；传统的经济性实体正当程序理论由此遭到了否定，并且实际上再也没有被美国联邦最高法院用于判决政府主导的社会经济立法无效。[②]

在美国宪法史上，“西海岸饭店公司案”的判决被视为

---

① Morehead v. Tipaldo, 298 U. S. 587 (1936).

② 参见林来梵、胡锦光：《西岸宾馆诉帕里什案（West Coast Hotel Co. v. Parrish)》，载《判解研究》2001 年第 3 期。

"1937年宪法革命"。历史事实非常清楚地表明，发生这场"革命"的最重要原因是政治性的。施瓦茨发现，"从1934年到1936年，最高法院作出了12个宣布新政措施无效的判决；从1937年4月开始，最高法院维持了每一项提交其审查的新政法律，包括某些与早些时候被宣布为无效的法律基本类似的法律"①。麦克洛斯基则明确指出："大萧条以及作为其反应的新政，其力量太宏大了……如果大法官们还牢牢地坚持他们1935至1936年间所持的立场，他们很可能会通通遭遇灭顶之灾"②。研究者普遍认为，1937年2月5日罗斯福的"填塞法院"计划——《司法系统改革法案》促成了这种巨大的转变。根据该计划，总统可以增加50名联邦法官，以取代任何超过70岁的联邦法官。这将使罗斯福有权任命6位新的大法官，从而彻底改造一再阻碍"新政"的美国联邦最高法院。他声称美国联邦最高法院的法官太老了，工作力不从心、效率低下，在提交审查的803个案件中，只接受了108个。尽管参议院司法委员会最终在5月18日以10∶8投票拒绝了《司法系统改革法案》，首席大法官休斯还破天荒地通过由人代读亲笔信的方式面向参议院驳斥了罗斯福，但美国联邦最高法院无疑感受到了来自一位深得民心的总统的巨大政治威胁，并

① ［美］伯纳德·施瓦茨：《美国最高法院史》，毕洪海、柯翀等译，中国政法大学出版社2005年版，第256页。

② ［美］罗伯特·麦克洛斯基：《美国最高法院》（第3版），任东来等译，中国政法大学出版社2005年版，第139页。

以不干涉其“新政”作为回应。①

然而，除政治因素之外，法律现实主义的影响同样不能轻视。首先，如果说“凯恩斯主义”是“新政”的官方经济学，法律现实主义就是“新政”的官方法学，二者共同支撑了“新政”的理念和罗斯福总统的“底气”，使他能够赢得民意的支持，向美国联邦最高法院的自由放任经济学和保守主义司法开战。其次，法律现实主义的思潮冲击了整个法律职业共同体的法律意识，这在一定程度上改变了大法官们的司法观念。早在1923年的“艾德金斯案”中，“无瑕疵的、保守的立宪政体拥护者”——首席大法官塔夫脱就令人意外地与法律现实主义的先驱者霍姆斯大法官共同提出了反对意见，认为“洛克纳案”的判决已经被推翻；1930年，“温和保守主义”者休斯继任塔夫脱成为首席大法官，在领导美国联邦最高法院的十年中，他一直厌恶罗斯福总统的强硬姿态，却明显从“新政”社会经济立法的反对者变成了支持者；在1937年的“西海岸饭店案”中，原本保守的罗伯茨法官改变了曾经支持“艾德金斯案”判决的立场，他的关键投票促使美国联邦最高法院以5∶4的微弱优势判决华盛顿《妇女最低工资法》合宪。最后，尽管霍姆斯大法官在1932年离开了美国联邦最高法院，但他的“反自由放任”战友布兰代斯和斯通仍然担任着大法官，而另一位同样被视为法律现实主义先驱的大法官卡

① 参见［美］简·爱德华·史密斯：《罗斯福传》，李文婕译，长江文艺出版社2013年版，第230页。

多佐填补了霍姆斯留下的席位，他也同样强调法律应当适应社会发展的需要。

总而言之，法律现实主义运动不仅从法学理论上全面批判了保守主义的司法观，而且在司法实践中为终结“洛克纳”时代作出了不可磨灭的贡献。1937年“宪法革命”之后，“联邦法院采纳‘目的性’而非‘直白含义的’方法解释制定法；法庭意见的书写的一般风格也有所转变；法官们变得更愿意处理‘政策’相关的问题”①。

三、结盟罗斯福“新政”

行政权力受到宪法确立的分权制度，尤其是作为宪法守护者和解释者的司法机关制约，政府仅仅担当市场经济的守夜人，是美国的一项政治传统。但随着富兰克林·罗斯福总统拉开“新政”帷幕，这一政治传统遭受了严重冲击。现实主义法学家坚定地站在罗斯福一边，又一次扮演了“反传统”的角色。

（一）罗斯福与美国联邦最高法院的斗争

1929年10月底开始，美国发生了一场史称“大萧条”的经济危机。当时领导美国的胡佛总统继续推行“自由放任”政策，反对政府干预危机，没能及时遏制“大萧条”的发展。胡佛认

① ［美］罗伯特·S. 萨默斯：《美国实用工具主义法学》，柯华庆译，中国法制出版社2010年版，第292页。

为：“我们是不可能通过立法行动和行政决定来治疗经济萧条的。说到底，经济创伤还必须通过生产者和消费者自己的行动来治疗，因为他们才是经济体的细胞。”[①] 他的观点似乎被 1857 年、1875 年、1893 年三次美国经济危机的历史所证实，但那个时代是“西进运动”的时代，持续涌入的移民带来了充足的劳动力，西部土地和资源不断被开发，经济的外部增量缓解了危机；那个时代，新的法人模式和金融工具还没有发展出来，还没有造成美国经济走向严重垄断，面对前所未有的风险；那个时代美国还是一个债务国，不像“一战”后那样借给欧洲那么多贷款，以至于欧洲的经济危机和政治危机可以严重地冲击美国。当那个时代成为过去，而新的大萧条让美国人日复一日感受不到走出危机的希望时，胡佛彻底丧失了支持。

1933 年，主张积极干预经济的罗斯福以 472 票对 59 票的压倒性优势，在大选中战胜了谋求连任的胡佛，成为第三十二任美国总统。他在就职演讲中说：“国家需要我们行动起来，马上行动起来。”[②] 果然，罗斯福一到华盛顿，就根据“一战”期间通过的《与敌贸易法》“休眠条款”的相关规定宣布银行业暂时歇业，迅速拉开了以救济（relief）、复兴（recovery）和改革

① ［美］弗雷德里克·L. 艾伦：《崛起的阵痛——危机岁月》，高国伟译，京华出版社 2011 年版，第 36 页。

② ［美］简·爱德华·史密斯：《罗斯福传》，李文婕译，长江文艺出版社 2013 年版，第 179 页。

（reform）为核心的“3R 新政”大幕，百日之内相继制定了《紧急银行法案》《紧急经济救济法案》《农业调整法》《公共资源保护法案》《公共工程法案》《有价证券法案》《田纳西河谷管理法案》《国家工业复兴法案》等法案，并争取到了民众和参众两院的支持，使这些法案获得了通过。

但在罗斯福的第一个总统任期内，秉持自由放任立场的美国联邦最高法院持续抵制“新政”，不断通过司法审查否决联邦政府倡导并由国会通过的“新政”立法。尤其是 1935 年和 1936 年，在“巴拿马炼油公司诉瑞安案”①、“谢克特生禽公司诉合众国案”② 和“合众国诉巴特勒案”③ 中，美国联邦最高法院不仅以宪法第十修正案“宪法未授予合众国、也未禁止各州行使的权力，由各州各自保留，或由人民保留”为由，推翻了两项对抗大萧条的关键“新政”立法——《国家工业复兴法案》和《农业调整法》，而且以分权原则和“小政府”宪法理论否定了罗斯福扩大政府行政权力的种种努力。“在 1935 年和 1936 年，美国联邦最高法院运用种种宪法原则告诉罗斯福政府，在华盛顿与工农业萧条作斗争是违宪的，因为，联邦宪法并未授权联邦政府处理全国性经济问题。”④

---

① Panama Refining Co. v. Ryan, 293 U. S. 388 (1935).

② Schechter Poultry Corp. v. United States, 295 U. S. 495 (1935).

③ United States v. Butler, 297 U. S. 1 (1936).

④ ［美］小卢卡斯 · A. 鲍威：《沃伦法院与美国政治》，欧树军译，中国政法大学出版社 2005 年版，第 1 页。

为此，罗斯福在不定期的广播节目“炉边谈话”中向美国人民呼吁：“我们已经走到了必须采取行动，以把宪法从最高法院手中挽救出来，并促使最高法院自我解救的关键时刻”①，同时展开了包括前述“填塞法院”计划——《司法系统改革法案》以及一系列公开演讲在内的政治行动。他对美国联邦最高法院的批判是全方位的：一是司法效率问题。美国联邦最高法院人员不足、没有效率，司法审查程序拖沓、进程缓慢，不适应行政规制层出不穷的“新政”状态。比如，1934 年通过的《铁路工人退休法》，却在 1935 年 5 月 6 日被美国联邦最高法院宣布违宪，导致司法部试图促使国会颁布法令，限制美国联邦最高法院将宪法问题留待下一年度开庭期解决。二是宪法解释权问题。美国联邦最高法院不应成为宪法的唯一和最终解释者。宪法提供给人民的是一辆“三匹马拉动的马车”，立法、司法、行政三个部门都有宪法解释权，但通过对各种行政规制措施的司法审查，“联邦政府三个部门之间的平衡被最高法院打破了”。总统和政府应当恢复按照自己的宪法理解进行行政规制的权力。三是司法权的界限问题。法院作为司法机关不应参与政治问题，陷入不恰当的政治化。在一系列“新政”立法的司法审查中，美国联邦最高法院的判决实际上是政治性而非技术性的，因此僭越了作为司法者的职能，充当了立法者的角色。四是整体宪制秩序的转型问题。美国

① ［美］伯纳德·施瓦茨：《美国最高法院史》，毕洪海、柯翀等译，中国政法大学出版社 2005 年版，第 255 页。

联邦最高法院对于宪法秩序的理解是旧式的，代表了一小群精英主义的既得利益者和党派偏见，整个宪制秩序应当向维护“最大多数美国人的最大利益”转型。

（二）“新政”官方法学

至少在三种意义上，现实主义法学家是罗斯福“新政”的同盟军，现实主义法学是“新政”的“官方法学”。

首先，现实主义法学与“新政”的法理基础一致。现实主义法学一是支持法律目的和政策的公开化，指出法律不是“科学”而是“社会科学”，法律规则和法律体系的合理性不由逻辑检验而由社会现实检验，标榜纯粹性的法律不过是虚伪地掩饰了法律背后的政治、经济、社会考量；二是强调法律必须随着社会的变迁而不断改变，“马车时代的法”不能适用于工业社会，静止的法律体系无法满足社会发展的需要，法律应当成为推动社会发展和提供社会福利的重要工具；三是认为公法应当介入包括市场在内的私人领域，反对无视社会情境和契约类型的绝对契约自由原则，以及公法/私法的教条主义二元论。所有这一切，都为“新政”时期诉诸刺激经济发展和保障社会福利的明确目的展开的大规模社会经济立法，以及大幅度的行政权扩张提供了法理基础。

其次，现实主义法学与罗斯福一样反对保守主义司法。1935年，当立场摇摆不定的罗伯茨大法官与美国联邦最高法院的保守主义法官站在一起，反对《铁路工人退休法》时，法兰克福特、阿诺德等法律现实主义者都“在媒体上公开批评罗伯茨，说他变得‘头脑迷糊’并缺乏‘常识’，用一种‘纯粹的虚幻和没有什么说服力的法律三段论结合起来’‘与对手进行辩论’”①。实际上，在美国联邦最高法院尚未以能动司法方式大量否定“新政”联邦立法的1934年春，阿诺德就在《哈佛法律评论》上发表了《决斗式司法与新政》一文，详尽批评了美国联邦最高法院固守个案“系争点”的保守主义司法模式：一是回避全面、抽象地阐明法律规则。只要没有真正的纠纷，没有提出明确的“系争点”，美国联邦最高法院就拒绝回答关于某一行政法案是否合宪的抽象问题。“遵循先例”原则进一步指出，即使在个案判决中，法院阐述了“系争点”之外的抽象原则，那也只是仅对本案有拘束力的“附带意见”。二是回避具体解释法律条款的实质意义。如果法院认为法院记录上的“系争点”存在瑕疵，或者认定本案“系争点”在审理过程中已经消失，就可以拒绝回答某一行政法条款应当如何理解的问题。在这种情况下，当事人只能重新起诉。三是回避对社会现实的调查。在因行政规制产生的纠纷中，无论实际上涉及多少人的利益，相关行政法规定在现实社会中的效果如何，美国联邦最高法院只就本案双方当事人的“系争点”发表“法律”意见。法院不会调查案件的社会现实背景，更不会组织行政机关、行政相对人以及其他利益相关者进行协商，当事人唯

① ［美］基斯·威廷顿：《司法至上的政治基础》，牛悦译，北京大学出版社2010年版，第51页。

一可做的是围绕“系争点”展开对抗。四是选择性的司法审查。美国联邦最高法院何时对一项行政立法进行司法审查，表明支持或者反对的态度，不仅取决于何时出现一起“系争点”适当的纠纷，而且从根本上取决于法院的意愿。如果法院不愿意表态，它仍然可以从“系争点”上做文章，借助“既判力”规则拒绝受案，或者借口“尚未穷尽行政救济”，拒绝考虑是否发布禁令。总而言之，美国联邦最高法院以司法裁判不能超出“系争点”为由，用尽一切手段拖延、回避对行政法的效力和内容加以明确化，其根本目的是抵御政府规制和行政权的扩大，将法律垄断在自己手中。①

最后，众多现实主义法学家还以不同方式表达了对罗斯福“新政”的支持。(1) 表明赞赏姿态。1933 年 3 月，上任不久的罗斯福总统就会见了哈佛大学教授、现实主义法学家弗兰克福特，并与后者一起拜访了从美国联邦最高法院退休的大法官、91 岁的法律现实主义先驱霍姆斯。霍姆斯对罗斯福说：“总统先生，您现在正身处一场战争。召集您的军队投入战斗吧。”② 法律现实主义重镇耶鲁大学法学院则在院长克拉克的领导下，成为政治激进主义的中心，甚至公开宣称“罗斯福政府的最高法院改组计划得到了耶鲁大学法学院教师的大力支持”。(2) 担任“新政”智

① See Arnold, *Trial by Combat and the New Deal*, 47 Harv. L. Rev. 913 (1934).

② [美] 罗斯福:《罗斯福炉边谈话》，张爱民等译，中国社会科学出版社 2009 年版，第 68 页。

囊。弗兰克福特本人虽然拒绝了罗斯福让他出任司法部副部长的邀请，但随后充当了“新政”的非正式顾问，并在1939年经罗斯福提名出任美国联邦最高法院大法官；曾任西弗吉尼亚大学法学院院长、耶鲁大学法学院教授的阿诺德则是罗斯福“新政智囊团”的成员。(3) 承担政府工作。一些现实主义法学家积极参与到“新政”期间的政府机构或者新设公共机构的工作中。约翰·霍普金斯大学教授奥利芬特担任了财政部首席顾问（1934～1939年）；与罗斯福关系亲近的耶鲁大学法学院教授道格拉斯担任了“联邦证券交易委员会”主席（1936～1939年），卸任后又经罗斯福提名担任美国联邦最高法院大法官（1940～1976年）；弗兰克先后出任新设立的“农业调整署”总顾问（1933～1935年）、“重建金融委员会”特别顾问（1935年），并在道格拉斯的推荐下出任“联邦证券交易委员会”委员、主席（1937～1941年）；曾任西弗吉尼亚大学法学院院长的阿诺德先后担任“农业调整署”总顾问特别助理（1933年）和反托拉斯司法部助理部长（1938～1943年）；菲利克斯·科恩受“新政”的吸引，1933年从《哥伦比亚法律评论》编辑职位离职后，一直在内政部律师办公室工作到1947年；1965年成为美国联邦最高法院大法官的福塔斯也一度在罗斯福领导下的内政部工作。(4) 展开司法行动。有些通过司法实务工作支持“新政”的法官本身就是现实主义法学家，或者与法律现实主义理念相投，如美国联邦最高法院的大法官布兰代斯、斯通和卡多佐，以及联邦第五巡回上诉法院法官哈奇森。(5)“新政”式法典编纂。法律现实主义运动的头号领袖卢埃林尽管自1928年以后就一直在哥伦比亚大学法学院工作，但也在20世纪40年代接受美国统一州法委员会和美国法学会的委托，主持起草了一部“新政”风格的《统一商法典》，被认为“不仅是商法案例的法典编纂，而且是治疗大萧条顽疾的激进的社会和经济立法”①。

(三)“新政”的革命性影响

在现实主义法学家的帮助下，“新政”取得了巨大的成功，美国经济逐渐走出了“大萧条”的阴影，罗斯福也成为美国历史上唯一一位连选连任四届的总统。更重要的是，“新政”对美国政治和法律的发展产生了革命性的影响。

从立法角度来看，一方面，总统建立起与人民的直接联系，获得了来自人民的“授权”，开始“以一种与众议院、参议院的权力平行”的“第三立法机关”身份履行职责；另一方面，美国联邦政府突破了美国建国以来受到的宪法性权力限制，开始像一个“真正的中央政府”那样运作，在主导社会经济立法的问题上取得了相对于各州的实际优先地位。②

从行政角度来看，通过设立美国证券交易委员会、农业调整

① 叶平：《卢埃林与统一商法典》，载《私法》2011年第1期。

② ［美］布鲁斯·阿克曼：《我们人民：奠基》，汪庆华译，中国政法大学出版社2013年版，第112～113页。

署、田纳西河谷管理局等新型行政部门，控制大坝、道路、医院、军事设施等大量公共资源，联邦政府权力急剧扩张，美国从一个“自由放任国家”变成了“福利国家”。在坚持市场经济原则的前提下，政府对经济加以宏观调控，或者对特定人群施加救济，或者提供各式各样的公共服务，这种状态一直延续到 20 世纪 70 年代里根政府上台和“新自由主义”兴起，深刻地影响了诸多其他资本主义国家乃至第三世界国家的治理模式选择。①

从司法角度来看，首先，自 1937 年“宪法革命”以后，美国联邦最高法院就再也没有以“正当程序”为由宣布政府的社会经济立法违宪，保守主义的司法哲学归于沉寂；“长期作为最高法院宠儿的工商界人士，被剥夺了宪法过度的保护，现在面对的是民众的主权”②。其次，截至 1943 年年初，罗斯福总统获得了 8 个大法官任命权，随着包括现实主义法学家弗兰克福特和道格拉斯在内的“新政”支持者的入主，美国联邦最高法院俨然成为“新政法院”，并有 5 位成员一直任职到“沃伦法院”时期（1953 ~ 1969），进一步巩固了新的司法哲学。最后，1937 年是“伟大的隐退之年，同时也是最高法院的复兴之年”③。“司法能动主义”

---

① ［美］邓肯·肯尼迪：《法律与法律思想的三次全球化：1850—2000》，高鸿钧译，载《清华法治论衡》2009 年第 12 期。

② ［美］罗伯特·麦克洛斯基：《美国最高法院》（第 3 版），任东来等译，中国政法大学出版社 2005 年版，第 142 页。

③ ［美］罗伯特·麦克洛斯基：《美国最高法院》（第 3 版），任东来等译，中国政法大学出版社 2005 年版，第 142 页。

没有从此消失，尽管不再诉诸宪法的保守主义理解，充当美国联邦最高法院维护精英利益、阻碍社会进步的工具，但又在“沃伦法院”时期成为保障公民权利与自由、保障种族和社会平等的利器。与“新政法院”一道，“沃伦法院”推翻了大量陈旧的先例，在涉及宪法的诸多领域促成了巨大变革，维护了“新政”所确立的先例，使美国联邦最高法院呈现为一种全新的面貌：“一个革命性的团体，一种社会变革的强大力量。”①

① ［美］小卢卡斯·A. 鲍威：《沃伦法院与美国政治》，欧树军译，中国政法大学出版社 2005 年版，第 1、387～388 页。

第三章　法律现实主义作为法律形式主义的延续

颠覆法律形式主义、清算司法保守主义、结盟罗斯福“新政”，三者共同支撑了法律现实主义主流研究的“反传统”叙事。然而，进一步的分析表明，所有这些判断尽管都有较为充分的依据，但都存在似是而非之处——要么是夸大了美国法律发展和法学发展的历史断裂性，要么是对超出法律现实主义核心理论之外的社会、政治和个人因素进行了过度解读。本章首先结合美国法律发展的特殊历史，重新阐述现实主义法学与形式主义法学的关系，尤其是重新发掘二者之间在问题面向上的内在延续性。

一、“令状”制度废除后的美国“普通法危机”

19 世纪中叶，英美两大普通法国家同时经历了一场划时代的变革。废除“令状”制度打破了程序本位的司法传统，从“有令状才有救济”到“有权利就有救济”，古老的普通法迈出现代化的关键一步。与此同时，普通法法官也摆脱了令状和诉讼程式的束缚，开始自由地选择先例，并以各自的方式，从中抽取和归纳作为裁判依据的实体规则。这种普通法运作模式的根本改变，在两个国家产生了截然不同的后果：凭借“遵循先例”原则的牢固确立和有效运转，英国像“光荣革命”那样，波澜不惊地完成了法律革命，然而，模仿英国法运作的美国，却因政治、历史、社会条件的种种差异，陷入了法律不确定和不统一的“普通法危机”。

从政法体制上讲，一方面，由于“独立”后的美国自下而上进行整合的特殊历史，[①] 羸弱的早期合众国中央政权必须借助独立、权威的司法扩大影响，这使联邦法院逐渐取得了不受联邦政府支配的地位；在联邦与州的权力斗争过程中发展起来的“违宪审查权”，虽然一定程度上有助于法律统一，但也抛弃了“议会至上”的英国传统，削弱了参众两院对联邦法院的控制。[②] 较之行政和立法，面向个案的司法拥有强势的地位，这不利于全国范围一般规则的建立，在取消令状限制之后更是如此。另一方面，美国人对英国殖民统治的历史记忆，以及在自治实践和反英斗争中形成的法律信仰，决定了合众国早期各州法律事务操于同样独立的地方法院之手；不同地方法院在殖民地时期即以不同方式继

① ［法］阿力克西·德·托克维尔：《论美国的民主》（上卷），董果良译，商务印书馆2004年版，第44～45页。

② 参见［美］伯纳德·施瓦茨：《美国最高法院史》，毕洪海、柯翀等译，中国政法大学出版社2005年版，第34～73页。

受英国普通法，建国后又根据联邦宪法的权力分配管辖着大量私法案件，在摆脱令状束缚之后，更是得以自由创制规则，发展财产、契约、侵权等诸多领域的本州普通法。而中央政权不仅在可以涉足的有限法律领域中长期无所作为，当个案适用的联邦制定法存在漏洞时，由于并无“联邦普通法”，联邦法院还常常诉诸州普通法。① 种种情况都表明，当时的美国联邦司法受行政和立法限制较少，且各州司法权相对独立和强大，废除令状制度很容易加剧法律实践不统一的现象。

从社会环境上讲，美国建国后就开始的来自欧亚非的移民浪潮，自废除英国政府敕令起持续不断的“西进”运动，以及向法国、英国、西班牙、墨西哥购买和强占土地，使美国成为19世纪全世界发展最快的国家。新添的二三十个州和几千万人口，造成诉讼数量暴涨和地理、文化、经济条件的多元化，法律差异不断扩大。此外，“工业革命”如火如荼地展开，不仅为美国带来了财富的飞速增长，还推动北部封闭式的传统农业社会质变为开放式的现代工业社会，与南方奴隶制庄园经济的分化趋势日益明朗，法律需求和法律意识的冲突日益激烈。② 这些社会环境的剧烈变动，使本就不统一的司法实践更加混乱。

---

① See Gilmore, *Legal Realism: Its Cause and Cure*, 70 Yale. L. J. 1037 (1961), p. 1039 – 1040.

② See Gilmore, *Legal Realism: Its Cause and Cure*, 70 Yale. L. J. 1037 (1961), p. 1043.

从法律思想上讲，“南北战争”前的美国盛行基督教自然法观念，司法裁判往往将法律和道德加以综合考量。因此，尽管19世纪的美国社会已经实现了“从身份到契约”的转变，契约自由已经扩展到各种法律领域，但当时的法官并不拘泥契约的字面含义，而是倾向于从“默示意图”的角度考虑其实质内容，以维护道德意义上的司法公平。① 在相对简单的社会中，这种道德色彩浓厚的裁判方式可能符合维系共同体的需要，也比较容易获得法律的统一性，但随着社会的复杂化以及利益和价值观念的分化，对契约的实质性干预就逐渐丧失了稳定的基础，司法的自由裁量更多出于法官个人的经济、道德、政治偏见，判例法体系的内在矛盾不断滋长。

更严峻的问题源自“国家案例报告体系”的启动。普通法国家在程序改革之后都很快确立了“遵循先例”原则，以之替代令状，继续维系普通法的统一性。为了适应这种新情况，西太平洋公司从19世纪70年代起系统出版美国联邦法院、各州最高法院以及越来越多低等州法院的司法意见。遵循先例原则就像桥，一个桥墩扎进过去的智慧，另一端通向未来，过去对未来的限制避免了混乱；然而，太少的先例固然无法储存智慧，先例太多太杂，也容易出现“乱搭桥”的状况。改革后的英国司法运转良好，与该国法院体系单一且更具官僚制特征，诉讼费用高昂且案

① See Singer, *Legal Realism Now*, 76 Cal. L. Rev. 465 (1988), p. 481.

件数量相对较少，以及判例汇编经过精心筛选等各种因素都有关系；由于事实完全相同的案件几乎不存在，法官“遵循”的是先例中的一般原则。美国的情况却复杂得多，面对过度膨胀又矛盾丛生的案例法体系，法官要么被迫放弃原则和逻辑推理，通过比照事实细节狭隘地使用先例；要么随意挑选先例和阐释规则，以应付海量案件裁判的急切需要；这两种做法都导致美国普通法的统一性危机愈演愈烈。①

二、形式主义法学对法律统一性的寻求

兰德尔的法律形式主义思想，以及贯彻这种思想的“案例教学法”，被后来的进步主义者和现实主义者视为迂阔不堪、脱离现实。然而，形式主义能够支配美国的法律理论、法学教育乃至司法实践长达半个世纪之久，正是由于回应了当时最大的现实——普通法危机。

1861 年到 1865 年的“南北战争”使这场危机变得不可回避，普通法的体系化被提上议程。在经历了政治由分裂走向统一的历程之后，美国人再不能忍受法律体系的分裂，围绕奴隶制进行的自然法争论必须停止了；② 统一带来了社会交往和经济交往的进

---

① See Gilmore, *Legal Realism: Its Cause and Cure*, 70 Yale. L. J. 1037 (1961), p. 1041.

② 参见［美］斯蒂芬·M. 菲尔德曼：《从前现代主义到后现代主义的美国法律思想》，李国庆译，中国政法大学出版社 2005 年版，第 147 ~ 166 页。

一步扩大，也要求改变诉讼结果取决于受诉法院的状况，从理论上调和州际法律之间的矛盾，并培养能够从事跨州法律事务的实践人才。当然，法律实践复杂性的膨胀往往催生法学理论上的体系化尝试，“南北战争”不过是一个契机罢了。布莱克斯通《英国法释义》的出现，即是因为在18世纪的社会转型过程中，在即将迎来工业革命的时代，经过700年缓慢成长的英国法逐渐陷入了枝蔓丛生的境地，而兰德尔的法律形式主义在建国不足百年的19世纪70年代就登上历史舞台，只是说明美国的时代和社会条件得天独厚，普通法在美国的演化要迅速得多。①

兰德尔常被法律现实主义者描绘成食古不化的形象，弗兰克更是将其蔑称为“70多年前杰出的神经病患者”，还惟妙惟肖地戏谑道：当朋友在图书馆里遇见这位正全神贯注于古籍的书呆子时，他“以交织着喜悦与遗恨的语气，伴随着斩钉截铁的手势说道：‘啊！我要是生在金雀花王朝时期那该多好啊！’”② 然而，正是这个“腐儒”开启了美国的现代法学。③ 首先，在他主政的哈佛法学院，由律师和法官兼任法学教授的传统被废弃了，“以学术为志业”的新型法学家阶层崛起。这些“法律形式主义者”刻意与实践保持距离，相信“庞杂的判例法可以浓缩为类似几何

① 参见［美］格兰特·吉尔莫：《美国法的时代》，董春华译，法律出版社2009年版，第98~100页。

② ［美］杰罗姆·弗兰克：《初审法院——美国司法中的神话与现实》，赵承寿译，中国政法大学出版社2007年版，第264页。

③ See Kelley & Holmes, *Langdell and Formalism*, 15 Ratio Juris 26 (2002).

学原理的少数法律基本原理”，自诩其“法律科学”足以为司法实践提供正确的指引。[①] 其次，“法律科学”运用类似于19世纪法国注释法学派和德国潘德克顿学派的方法，试图将注重经验和实质正义的判例法构造成韦伯所谓“形式理性”之法，[②] 从而提升法律的确定性和可预测性，适应美国资本主义经济的飞速发展。再次，形式主义者是“第一批试图在当时已经变成实证主义的世界中理解和合法化普通法体系的美国学者”，将法律视为“主权者的命令”。他们的法律原则和法律学说不再源于自然的启示或上帝的命令，而是来自对先例的抽象，这有助于克服法官依据不同自然法原理对法律进行不同解释的混乱状态。最后，“南北战争”前的法律学者将令状和诉讼程式作为法律事实的分类依据，形式主义者却以抽象的法律原则归类事实，进而整理出逻辑自洽的教义学体系，从理论上回应了普通法的程序变革。司法程序的统一性一旦获得建立，就可能保障一个案件只有一个法院拥有管辖权，以及相同案件根据相同的程序进行处理。最后，法律形式主义中渗透着现代早期的科学精神，崇尚严谨的演绎逻辑。形式主义法学家认为，正是由于缺乏符合演绎逻辑的法律科学，

① 参见柯岚：《法律方法中的形式主义与反形式主义》，载《法律科学》2007年第2期。

② 参见［德］马克斯·韦伯：《法律社会学》，康乐、简惠美译，广西师范大学出版社2005年版，第25~29页。

法院在司法裁判中常常出现逻辑错误，才导致了法律实践的混乱。[①] 总言之，形式主义是美国现代法律思想的起点，相信完美的“法律科学”体系可以解决普通法危机。

面对已然变得庞杂矛盾、荆棘密布的普通法，形式主义法学家如何可能构造出内在一致的科学体系呢？这是由于他们的法律原理源于虚构的案例或者精挑细选的少量真实先例，有些来自英国，有些还根据体系化的需要进行了裁剪；大量不合原理的先例，则被作为没有任何法学价值的错误加以剔除。他们的逻辑重心不在归纳而在演绎——抽象的原理确定无疑，只要掌握逻辑演绎的法则，掌握法律“自动售货机”的程序，就能“以不变应万变”，保障司法实践的统一性。但真实世界毕竟并非基本原理的演绎，这就是兰德尔为何要将图书馆视为法学院的核心，“案例教学法”为何首先提出基本原理，然后讲授与之完全相符的少量案例。“南北战争”前的基督教自然法思想虽然也提出了许多永恒不变的公理，但“上帝的天国既然只是遥远的目标，现实的多样性便可以允许”；[②] 兰德尔主义却在清除自然法思想、建构实证法“科学体系”的同时，强求现实与理论的一致性。这种通过回避现实来回应现实的做法，其隐患潜藏于基因之中：凭借原理和

---

① 参见［美］斯蒂芬·M. 菲尔德曼：《从前现代主义到后现代主义的美国法律思想》，李国庆译，中国政法大学出版社2005年版，第166～193页。

② 参见［美］斯蒂芬·M. 菲尔德曼：《从前现代主义到后现代主义的美国法律思想》，李国庆译，中国政法大学出版社2005年版，第134～146页。

演绎逻辑裁剪法律实践，牺牲现实多样性以获得理论统一性，必然造成法律的保守僵化，阻碍社会的发展。

更重要的是，实践中的“普通法危机”并没有由于理论的统一而获得解决。正如法律现实主义者所看到的，法律原则越是抽象，法律体系越是完美，就越是给法官留下了自由裁量的空间；仅强调三段论式的演绎逻辑，根本不可能限制这种自由裁量空间，因为所有作为大前提的“纸上规则”都可以进行不同方向的解释，从而以不同的意义适用于个案。尤其在社会发展迅速的时代，由于不同社会群体以及法律职业群体内部价值观念的分化，不同的法官倾向于选择不同的先例来解决类似的案件，并且都诉诸法律原则和演绎逻辑掩饰真正的判决理由，这就进一步加剧了司法结果的预测困难和相互矛盾。

三、“进步主义”时代危机的加剧

如前所述，法律现实主义全面批判了兰德尔的形式主义法学。然而，“法律应当顺应社会历史发展”“法律应当成为改造社会的工具”这样的观点并非法律现实主义的原创。19 世纪末 20 年代初，美国一方面已经基本实现了资本主义的工业化，开始由农业国转变为以重工业为主导的工农业国家，并因此患上了以虐待劳工、浪费资源、商业和公众道德败坏堕落为标志的“工业文明综合征”；另一方面，传统的分散型经济体制也逐渐转向现代的资本主义经济体制，随着工业资本与金融资本的融合，经济垄断和金融寡头涌现并日益侵蚀民主政治，政治腐败层出不穷。① 在此背景下，19 世纪 80 年代，受萨维尼和梅因影响的库利、梯德曼、哈蒙德等美国历史法学家，就已经强调法律随社会历史变动，并非抽象、理性的永恒体系；② 世纪之交的"进步主义"法学家更是率先对司法的保守僵化展开了抨击。

1905 年的"洛克纳案"并非第一个引发广泛争议案件。早在 19 世纪 70 年代，美国联邦最高法院就已被谴责为"听命于铁路、公司和富人的仆人"③；1895 年的"美国糖精炼公司案"（合众国诉 E. C. 奈特公司案）④ 同样饱受质疑，该案的司法意见称，按照宪法对联邦与州的权力分配，1890 年国会通过的《谢尔曼反托拉斯法》只能规制商业贸易而非生产行为，不适用于这家垄断美国 94% 制糖业的公司，由此作出的"生产"与"贸易"的区别，构成以后几十年联邦政府管理国家经济的巨大障碍；⑤ 在世纪之交的短短几十年间，大法官们以超越"治安权"权限，违反"正当程序"条款为由，否决了数百件试图干预经济的州议会立法，⑥

① 参见赵辉兵：《美国进步主义政治思潮与实践研究》，中国社会科学出版社 2013 年版，第 76 ~ 80 页。

② See Tamanaha, *Understanding Legal Realism*, 87 Tex. L. Rev. 731 (2008), p. 748 – 755.

③ Tamanaha, *Understanding Legal Realism*, 87 Tex. L. Rev. 731 (2008), p. 745.

④ See United States v. E. C. Knight, 156 U. S. 1 (1895).

⑤ See White, *From Sociological Jurisprudence to Realism: Jurisprudence and Social Change in Early Twentieth-Century America*, 58 Virginia L. Rev. 999 (1972), p. 1001.

⑥ See Singer, *Legal Realism Now*, 76 Cal. L. Rev. 465 (1988), p. 499.

他们对高度垄断和贫富分化的无视，成为激发全国范围“进步运动”的重要因素。

这场运动发源于平民阶层，要求扩大行政权力，限制大公司的经济垄断，发展社会福利，从实质上保障劳工及妇女的平等权益。① 运动很快扩展到同样受挤压的中产阶层，并与“黑幕揭发”运动和“社会福音”运动结合起来，旨在反对遭资本腐蚀的政党政治，改造日益堕落的社会道德。② 而在新兴社会科学影响下，法律界人士也加入进来。19 世纪末社会科学的兴起，动摇了机械自然科学的范式性地位，与兰德尔时代的科学观形成了对立；经济学、社会学和心理学的研究成果，为社会改革和法律改革勾画了蓝图、提供了方法。③ 与此同时，耶林领导的德国“自由法运动”，将“利益”理念引入法学研究，反对机械地适用法律，也给世纪之交的美国法学带来诸多启示。④ 很多进步主义者开始认为，形式主义错在不懂得法律只是维护社会“福利”的“工具”，局限于法律的逻辑而忽视法律的目的，不能以功利眼光“实用”

---

① 参见冯伟年：《论美国进步运动的历史背景及其社会影响》，载《西北大学学报（哲学社会科学版）》2001 年第 2 期。

② 参见赵辉兵：《美国进步主义政治思潮与实践研究》，中国社会科学出版社 2013 年版，第 84 页。

③ See White, *From Sociological Jurisprudence to Realism: Jurisprudence and Social Change in Early Twentieth-Century America*, 58 Virginia L. Rev. 999 (1972), p. 1014.

④ See Herget & Wallace, *The German Free Movement as the Source of American Legal Realism*, 73 Virginia Law Review, 399 (1987).

地看待法律，导致“书本上的法”与“行动中的法”脱节。[1] 这些持“工具”、“功利”和“实用”观念，反对形式主义法学和保守司法实践的人，包括实用主义哲学家詹姆斯、杜威，以及被视为现实主义法学先驱的霍姆斯、庞德、卡多佐等。[2] 他们督促法官摒弃形式主义路径，公开运用经济、道德、哲学的新理论指导司法裁判。

然而，在批判形式主义方法的同时，进步主义法学家并不试图解构法律规范和法律体系：霍姆斯非常赞赏兰德尔精致的学说，且同样试图将法律体系的基础构造成“哲学上的连续系列”，二者的争论仅仅在于，当完美的体系在现实中得出不合理的结论时，应当坚持“科学”还是取向于“便利”；[3] 卡多佐“并不打算与那些似乎认为实际上不存在法律而只有法院决定的法律家们为伍”，强调在司法创新的同时，不能为了个案公正破坏法律的一致性和确定性；[4] 庞德甚至表示，在财产法和商事交易领域，机械地适用法律规则实现了“法律秩序”，形式主义的问题仅在

---

① See Pound, *Law in Book and Law in Action*, 44 Am. L. Rev. 12 (1910), p. 15.

② 参见［美］罗伯特·S. 萨默斯：《美国实用工具主义法学》，柯华庆译，中国法制出版社 2010 年版。萨默斯将美国实用主义哲学家的法学思想、法律实用主义、社会法学和法律现实主义统称为“实用工具主义法学”。但后文将表明，前三者实际上受进步主义思潮影响，与法律现实主义有重要区别。

③ See Kelley & Holmes, *Langdell and Formalism*, 15 Ratio Juris. 26 (2002), p. 29 – 32.

④ 参见［美］本杰明·卡多佐：《司法过程的性质》，苏力译，商务印书馆 1997 年版，第 74 页。

于将这种方法不加区分地扩展到所有领域。[①] 这样一来，进步主义法学家就没有将主要精力放在“普通法危机”问题上，法律形式主义仍然作为维护法律确定性和法律统一性的唯一方案被普遍采纳。不仅司法系统继续旁若无人地坚守法律原则和演绎逻辑，判例教学法继续在美国法学院占据统治地位，美国法学会也进一步倡导致力于体系化的法律重述工作。新的法律变革，还要等待社会形势和文化氛围的继续发展。

四、现实主义法学与法律确定性难题

（一）重新理解卢埃林与庞德的争论

众多研究者不仅将霍姆斯和庞德视为法律现实主义运动的先驱，而且认为现实主义法学和庞德的社会学法学都是霍姆斯实用主义法学重要命题的延伸，二者大同小异。这种主流认识与现实主义法学家时常借重霍姆斯大法官的巨大声望以阐释自己理论的策略选择有关，却无法合理解释卢埃林与庞德为何展开了一场激烈的争论，以及为何在这场争论之后，现实主义法学取得了公认的胜利，取代社会学法学占据了美国法学舞台的中心。

1930 年，37 岁的哥伦比亚大学法学教授卢埃林在《哥伦比亚法律评论》上发表了《现实主义法学——下一步》，被普遍视

① See Pound, *The Theory of Judicial Decision*, 36 Harv. L. Rev. 802 (1923), p. 825.

为美国法律现实主义运动的宣言书。① 与此同时，众多研究者们都注意到，文中脚注 3 明确指出了当时的哈佛大学法学院院长、美国法学泰斗、60 岁的社会学法学家庞德著作的价值与局限，并认为这个脚注引发了二人之间的争论。1931 年，庞德在《哈佛法律评论》上撰写《现实主义法学的呼唤》一文，实际上对卢埃林作出了批评性的四点回应：第一，当前的现实主义法学尽管有其意义，但这种对“纯粹的法律事实”的研究并非法律科学，只是提供了一些描述性的“货品清单”，缺乏应然的价值对货品加以选择和排列，使之明智和有用；第二，除了从某位大师级领袖（暗指霍姆斯）那里取法形式和内容外，现实主义运动在任何学术领域都没有一份详细、正式、规范的信条；第三，法律现实主义者普遍持有五种狭隘而偏颇的主张，他们相信大量数据本身具有意义，相信某种特定方法或进路具有唯一的现实性，相信某种当前流行的特定心理学教义是唯一正确的研究起点，坚持个案的独一无二而非司法行为的类似性，认为法律是一套服务于商业目标的机制而非达致一般社会目的的手段；第四，希望法律现实主义有所改变、有所进步，并提出了七条建议。②

仅仅一个月后，卢埃林在《哈佛法律评论》上再发表《关于

① See Llewellyn, *A Realistic Jurisprudence—The Next Step*, 30 Colum. L. Rev. 431 (1930).

② See Pound, *The Call for a Realistic Jurisprudence*, 44 Harv. L. Rev. 697 (1931).

现实主义的一些现实主义——答庞德院长》一文,[①] 争锋相对地论辩道：第一，庞德在没有准确指出具体时间、人物的情况下，就概括了所谓“法律现实主义的五种主张”，令人遗憾。第二，庞德所谓“五种主张”可以再细分为13个观点。然而，通过考察20名公认的法律现实主义者的作品,[②] 这些观点远远不是他们的普遍主张。第三，与庞德的理解不同，“真正的法律现实主义者”有九项共同的出发点：(1) 变迁的、运作的法律观，以及司法造法的观念；(2) 法律是达到社会目的的手段而非目的本身，故应不断检验各部分法律的目的和效果，并且判断二者之间的相互关系；(3) 社会不断变迁，而且比法律变迁更为迅速的观念，故应不断重新检验各部分法律是否符合其服务的社会目标；(4) 为了研究起见，暂时划分“实然”与“应然”，设定研究目标必须诉诸价值判断，但在研究“实然”本身的过程中，对有关事物关系的观察、说明和确立应尽可能不受观察者意愿或伦理观念所支配；(5) 对以传统的法律规则和概念来说明法院和人们的实际行为抱怀疑态度，强调规则只是“法院将要做什么的一般预测”，区分为行动而定的规

① See Llewellyn, *Some Realism about Realism*: *Responding to Dean Pound*, 44 Harv. L. Rev. 1222 (1931).

② 包括：约瑟夫·W. 宾汉姆、查理斯·E. 克拉克、瓦特·威勒·库克、亚瑟·科宾、威廉姆·O. 道格拉斯、J. 弗兰科斯、杰罗姆·弗兰克、L. 格林、J. C. J. 哈钦森、S. 克劳斯、卡尔·尼可森·卢埃林、E. G. 劳瑞仁、昂德希尔·穆尔、赫尔曼·奥利芬特、爱德温·帕特森、T. R. 鲍威尔、马克斯·瑞丁、W. A. 斯特哥斯、L. A. 图林和海塞尔·云特马。

则（规范）与行动的规则（实践）;（6）与在描述方面不信任传统的规则相应，对法律规则在法院判决中起重要作用的学说也抱怀疑态度;（7）主张对案件和法律的情境进行比过去更狭窄的分类;（8）坚持从法律效果来评价法律的任何部分，并坚持调查这种法律效果;（9）坚持以上述方针持久地和有计划地解决法律问题。第四，在事实以及如何调查事实的实然层面，法律现实主义者有许多共同点和创新之处，但在规范层面以及是否和如何改革法律的应然层面，法律现实主义者没有共识。正如庞德所说，现实主义者没有相同的哲学或者计划，没有相同的关于社会福利的信条，但这个问题一点也不重要，只是说明他们并非一个团体。

很多研究者没有从这场争论中看出卢埃林与庞德、现实主义法学与社会学法学的实质差异，因此在继续强调二者共同持有“法律变动”论、“法律效果”论，共同反对法律形式主义的同时，倾向于将这场争论视为某种“利益之争”或者“意气之争”。受特文宁①的影响，中国研究者强调了作为“保守”势力的哈佛大学法学院与作为“改革”势力的耶鲁大学法学院和哥伦比亚大学法学院之间的“对垒局面”，暗示卢埃林与庞德之争代表了耶鲁、哥伦比亚对哈佛及其社会法学“霸主地位”的挑战;② 赫尔

① See Twining, *Karl Llewellyn and the Realist Movement. Second Edition*, New York: Cambridge University Press, 2012, p. 10 – 55.

② 参见吕世伦、付池斌:《现实主义法学对美国法学教育的影响》，载《东岳论丛》2006 年第 2 期。

则指出，卢埃林与庞德因两起偶然事件分道扬镳，并最终展开论战：一是共同介入1927年轰动全美的马萨诸塞州“萨科和万泽提案”；二是1930年前后共同撰写《社会科学百科全书》的“契约法”词条。① 前一事件令卢埃林对庞德在政治上的过度谨慎颇有微词，后一事件发生了多次沟通问题。并且，庞德在与卢埃林合作撰写词条期间写作了批评法律现实主义的《现实主义法学的呼唤》一文，经常与之通信的卢埃林却毫不知情，这使他感觉受到了“背叛”，因此发文反击。经过这样的解读，卢埃林及其现实主义法学似乎莫名其妙地战胜了庞德及其社会学法学，前者在论战后迅速崛起的声名似乎仅因为人们喜欢挑战权威的闹剧，或者因为“大萧条”时代更加欣赏一种社会学法学的激进版本。

然而，联系“普通法危机”的背景，重读卢埃林与庞德的系列作品以及这场争论，就会看到社会学法学的失败根源于没有像现实主义法学那样积极应对“法律确定性”和“法律统一性”问题。首先，庞德解构了法律形式主义追求法律确定性的努力，将依靠逻辑演绎获致个案唯一正解的观点斥为“机械法理学”，却既不能提出一种真正实现法律确定性的替代方案，也没有全面回答法律不确定、不统一是否合理这个问题；② 其次，庞德主张区

---

① See Hull, *Reconstructing the Origins of Realistic Jurisprudence: a Prequel to the Llewellyn-Pound Exchange over Legal Realism*, 1989 Duke L. J. 1302 (1989).

② See Pound, *Mechanical Jurisprudence*, 8 Colum. L. Rev. 605 (1908).

分“书本上的法”与“行动中的法”,[①] 但其要旨在于促成前者与后者相符合，而不是彻底否定“书本上的法”及其带来的法律不确定这一严重后果；复次，庞德甚至仍然将“规范”这种“书本上的法”置于优先地位，只是要求在规范分析之中加入利益衡量、效果评估、目的考量等因素，作为法院解决“疑难案件”时的纯粹“自由裁量”，实际上暗示“疑难案件”的裁判结果根本不可预测；最后，庞德区分“据法审判”（justice with law）和“不据法审判”（justice without law），并且认为大多数案件以及所有商业案件依据争端发生之前就存在的一定标准进行审判，只有少数疑难案件才因诉诸自由裁量而不具可预测性，这等于是承认形式主义法学在诸多领域维持了法律的确定性。[②]

与通常的理解不同，卢埃林的《现实主义法学——下一步》，并非只有脚注 3 批评了庞德。实际上，全文都或明或暗地针对社会学法学无法解决法律确定性这一问题，并强调造成这个问题的症结在于庞德仍然过于看重“规范”。由于卢埃林的表述较为委婉，且主要采取正面立论的方式，许多研究者仅仅将之视为现实主义运动的宣言书，而非社会学法学的檄文。卢埃林开篇谈的是“定义”法律的困难：“‘法律’的概念可能包含太多非常不同的内容，要为这些内容找到一种表面上的共同点都很困难，更遑论加以定义了。”同时他也看到，“定义”方法本身存在不可回避的

① See Pound, *Law in Book and Law in Action*, 44 Am. L. Rev. 12 (1910).

② See Pound, *Justice according to law*, 13 Colum. L. Rev. 696 (1913).

缺陷，每个定义都划定一片领域，有些内容囊括其内，有些内容排除其外，而排除总是专断的——“法律像生活一样宽广”，他“不准备从法律的事务中排除任何东西”。因此，卢埃林法律研究的出发点，不是为法律下“定义”；相反，既然定义方法的缺陷根源于试图描述事物的“边际”，那么能够取而代之的，就应该是找寻事物的“中心”。问题就此提出：什么是法律事务和法律思考的中心？

卢埃林说，回答这个问题，应当回顾“三种19世纪法学流派的教义”以及“权利和利益概念的发展”，由此看似不经意地引入了庞德对19世纪法学思想的讨论，并为批评埋下了伏笔。[①]他首先恭维庞德基于“比我大得多的阅读量”，作出了非常准确的概括：分析法学家以“权威性的法律规范集合体”和“使规范和裁判具有权威性的国家”为中心；历史法学家以“传统的裁决技术”和“传统性或者习惯性的正当（rightness）观念”为中心；哲理法学家以“关于法律目的的哲学、政治和伦理理念”以及“根据法律目的应当制定何种规范的哲学、政治和伦理理念”为中心。但卢埃林并不评论这些学派的教义，而是话锋一转，指出庞德从对这些学派以及其他学派的研究中学到的，并非它们从法律理念中排除的东西，毋宁是被它们囊括到法律理念中的东西。这就暗示了两层意思：第一，庞德受19世纪法学教义影响

① 参见［美］罗斯科·庞德：《法律与道德》，陈林林译，中国政法大学出版社2003年版。

太深，可能没有看到被它们排除的真正有价值的东西；第二，庞德考虑了太多影响法律事务的因素，可能很难找到适合进行清晰法律思考的中心。自此，批评正式展开：

首先，卢埃林明确指出，包括规则和原则在内的规范（precepts）是庞德法律思考的中心。围绕规范这个中心向外扩展，庞德依次将“标准”（用于衡量特定情境下的权利，比如结合情境解释“诚实信用”）、关于法律“目的”的理念囊括进法律，并最终强调了“发展和适用规范的传统技术”。尽管“发展和适用规范的传统技术”涉及“行为”因素，表现了庞德的“天赋洞察力”，但在庞德那里，行为只是规范这一中心的附庸，行为聚焦于规范、主要指涉规范、是对规范的执行。说到底，庞德“仍然部分地陷于那个逝去时代的传统规范思维”，没有真正重视“行动”，真正理解规范不过是“口头公式”。正是由于这一根本原因，庞德的社会学法学才呈现出脚注3所表明的“价值与局限”：尽管从对法院和政府机构实际行动的研究中，庞德获得了“有效法律行为的限度”“书本上的法与行动中的法之分”“违法处罚的个别化”等有益的发现，但他的所有研究都无法继续往下深入。庞德的“‘利益平衡’仍然没有指示人们如何识别利益，更遑论研究它们怎样或应该怎样平衡。‘社会学法学’在大多数重要的社会学问题上均无建树。‘行动中的法’还只是一项提议，而对‘法律’的中心问题的进一步探究却放在了‘规范’上。‘有效法律行为的界限’——一项明显是呼吁对（他称之为复杂的、非工业化的、部分城市化的和间接合作的社会的）习惯和控制方式进行研究的公式——被搁置一旁，没有研究与法律相关联的社会”。

其次，虽然没有再次点名，但卢埃林继续详细讨论以规则和规范作为法律思考中心的“庞德式研究”的错误所在。他首先考察“规则”的观念史：第一个阶段，亦即初民社会，规则仅仅意味着“救济措施”（remedies），人们不问“为什么”能够获得救济，只关心在什么样的情况下，以什么样的方式，能够“实际地”获得法庭的帮助。第二个阶段，亦即权利哲学产生之后，人们逐渐相信救济的目的不在于救济本身，而在于保护名曰“权利”或者“主观权利”的虚幻之物。这样一来，权利与规则就成为一个铜板的两面：如果一条规则有利于某人，他就拥有一项权利；如果某人拥有一项权利，也可以理解为存在一条规则，给予他该权利所暗示的好处。第三个阶段，亦即耶林“利益法学”以降，“权利”也不复为自在之物——就像维护“权利”乃是实施救济的目的一样，实现“利益”（interests）如今成为主张“权利”的目的，规则由此又与“利益”纠缠不清。

在此基础上，卢埃林进一步分析道：第一，自从“权利”取代“救济”成为规则的内涵，规则与法律实践就发生了分离。与救济所描述的实然状态不同，权利勾勒了一种应然的秩序。只要某人拥有一项权利，即便他从未加以行使，或者在权利受侵害时，未曾实际获得法院救济，人们还是说他拥有这项权利。这种法律思考方式相当危险，因为权利无关实实在在的“行为”，只是一套没有在生活中加以验证的“言辞”。第二，一旦将言辞当作法律思考的中心，就不可避免产生简化和体系化的倾向，以便掩盖各种抽象原理之间的内在矛盾，而当“right”（权利）一词隐蔽地引入了“rightness”（公正）的观念时，就连那些不期而至的理论矛盾也凭空消失了。这样，在不断简化和体系化的过程中，想象与现实之间的距离就越来越远。第三，“利益”与规则相互纠缠，是在本已无力描述法院实际行动的“权利”秩序之中，又掺杂了各种难以达成具体共识的社会因素，必然导致“规则”一词的使用更加混乱不堪。法律思考若以这样的“规则”作为焦点，就难免与现实的法律运作完全脱节。

正是由于法学家笔下的“规则”远离法律实践，实然与应然混杂，又充斥着理想性的简化，因此卢埃林坚决主张：规则不适合作为法律思考的工具，法律研究应当从法官的实际行为入手。但他同时又澄清道，倡导对法官的行为而非其声明的规则予以关注，并不是说这些规则对他们的实际行为没有任何影响，也并非否认，规则有时可能对法官的实际行为作出非常准确的描述。他只是要求学者进行客观的检验：规则与裁判实践何时相符合，何时相偏离？有多少符合，多少偏离？如何发生符合，如何形成偏离？从规则出发无法进行这样的检验，只有客观地观察法官的行为，才能真正把握法律运作的复杂现实。①

---

① 卢埃林的以上论证，参见 Karl N. Llewellyn, *A Realistic Jurisprudence—The Next Step*, 30 Columbia Law Review, 1930, p. 431 – 465。

最后，卢埃林给庞德社会学法学的关注焦点（规则和规范）起了一个新名字——“纸上规则”，并与现实主义法学的关注焦点（法官以及其它政府官员的行为）——“真实规则”作出了区分。“纸上规则”主要是一套应然的“言辞”，旨在告诉官员“应当如何行为”；尽管它表面上也描述官员实际如何行为，但这种描述在很大程度上与事实不符：“任何书本上的官方规范（制定法、法院裁判中构造的学说、行政法规）在声明官员应当做什么的时候，在声明官员确实根据规则主旨行动的时候，在预测官员将根据规则主旨行动的时候，都心照不宣地暗含着虚假的描述。”由此带来了一个严重后果，即“悄悄地扭曲了预测”。与“纸上规则”不同，卢埃林认为“真实规则”是一套实然的“实践”，是对官员行为的忠实描述；更重要的是，正如霍姆斯所说，“真实规则”就是“法院在具体个案中将会做出什么，而非矫饰浮夸之辞”①，就是“预测”。换言之，从“纸上规则”出发，法律呈现出不可预测性；从“真实规则”出发，法律就具有了可预测性。行文至此，卢埃林对庞德最深刻的批评其实已经浮出水面：社会学法学没有正视法律确定性和统一性问题，因为它没有像它所允诺的那样，真正聚焦“行动中的法”或者“真实规则”；它仍然以“书本上的法”或曰“纸上规则”为思考的中心，这使它与法律的可预测性失之交臂，进而与法律在一定程度上、一定

① Holmes, *The Path of Law*, 10 Harv. L. Rev. 457 (1897), p. 461.

范围内的确定性和统一性失之交臂。

如果说《现实主义法学——下一步》尚有点欲言又止，那么当庞德的批评性回应引出《关于现实主义的一些现实主义——答庞德院长》一文时，卢埃林的观点就更为清晰了。他明确指出，是法律现实主义者“第一次进攻了法院诉讼中不可预测的领域”。法律现实主义者承认通过言辞（规范）难以获得法律的确定性，并着力去寻找和阐明导致这一情况的制约因素，这种努力有助于发展一种更有益的司法程序。在这种司法程序中，法官不再机械地适用判例法和制定法，而是在判例法和制定法的基本框架下，有意识地寻求明智的裁判。作为结果，这样的裁判并不必然更加正义和明智，但“大可以期望比当前的裁判更具可预测性”①。

（二）裁判可预测性——法律确定性问题的破解之道

应当指出，法院裁判的可预测性与法律的确定性、统一性存在一定的区别。形式主义法学追求的法律确定性和统一性，系指普通法在程序上和实体上均构成无漏洞、无矛盾的静态法律规范体系，从而（1）任何案件都只有唯一一家法院有权审理；（2）相同案件由相同的唯一的法律规范处理；（3）法院在裁判过程中运用统一的演绎逻辑，以法律规范作为大前提，以事实作为小前提；（4）由此得出的裁判决定是“唯一正解”，因此具有可

① Llewellyn, *Some Realism about Realism: Responding to Dean Pound*, 44 Harv. L. Rev. 1222 (1931), p. 1251 - 1252.

预测性。要言之，是法律规范以及逻辑演绎本身的确定性和统一性，带来了司法裁判永恒的确定性和统一性，并附带地实现了每个个案司法裁判的可预测性。相反，现实主义法学以个案司法裁判的可预测性为起点，以同类型案件在一定时空范围内的裁判结果的确定性和统一性为终点，否定超越时空的司法裁判确定性，否定法律规范体系本身的静态统一性，也否认演绎逻辑有助于获致司法裁判和法律规范的确定性和统一性。现实主义法学诉诸个案裁判的可预测性，以寻求相对“弱”的法律确定性和统一性，却构成试图化解“普通法危机”的形式主义法学的替代方案，同样致力于满足在资本主义市场经济迅速发展的时代稳定行为预期的要求，以及清理由于案例数量暴涨造成的法律混乱。现实主义法学家戳破了法律体系和演绎逻辑完美无缺的幻觉，但这并不影响他们解决“普通法危机”。毕竟，无论是普通人还是商人，都并不真正关心法律体系和演绎逻辑在先验意义上的完美无缺，而是希望在经验意义上确切知道自身具体行为选择在当时当地的法律后果。“南北战争”以降的美国普通法难以适应后一种需要，才是其“危机”的核心。

进言之，在现实主义法学看来，聚焦于抽象规范的形式主义法学，以及实际上继续以“纸上规则”为研究中心的社会学法学，都无法为预测个案裁判提供适当的工具。如前所述，这是因为抽象规范或曰“纸上规则”存在巨大的解释空间。对于着眼个案解决的法官而言，普通法存在两套彼此冲突的先例原理，一套旨在去除棘手的先例，另一套旨在利用有所助益的先例。先例既可以被“严格地”解释，也可以被“模糊地”解释，其中任何一种解释都具有合理性。[①] 制定法亦不例外：“如果立法机构通过了制定法，法院就要受这些制定法的约束。但是，制定法仍然是规则，是书本上的言辞”[②]。尽管判例法似乎比制定法更具有任意性——判例法“向后看”，根据当下个案创制规则；制定法“向前看”，超越具体个案作出规定。但相较于判例法与个案情境的紧密联系，抽象的制定法语言更具概括性；当前个案是否属于某一制定法规则的范畴，实际上更依赖于法官的判断。因此，法院对制定法的解释，同样可以采用相互矛盾的标准。[③] 此外，美国制定法的立法技术和体系性都一度远远落后于欧洲大陆，需要参照普通法的背景加以适用。在这个适用过程中，即便对制定法不存偏见的法官，也完全有必要重塑甚至改造规则。

但许多现实主义者相信，在特定的个案中，法官之所以对同一个先例或者同一项制定法作出这样而不是那样的解释，从而最终作出这样而非那样的判决，不是或者不应当是随意为之。在他们看来，仅从“纸上规则”和演绎逻辑出发，固然无法预测特定

① See Llewellyn, *The Bramble Bush: On Our Law and Its Study*, New York: Oceana Publications, 1960, p. 68.

② Llewellyn, *The Bramble Bush: On Our Law and Its Study*, New York: Oceana Publications, 1960, p. 90.

③ See Llewellyn, *Remarks on the Theory of Appellate Decision and the Rules and Canons about How Statutes Are to Be Construed*, 3 Vand. L. Rev. 395 (1950), p. 399.

个案的司法裁判；但只要找出真正决定个案裁判的“事实”因素，可预测性就能大大提升，因为这些事实因素构成了司法裁判的“真实规则”。现实主义法学提倡“事实中心主义”的研究方法，很大程度上就是提倡研究决定个案裁判的事实因素。这些因素可以大致分为三个方面：一是法官行为的事实，涉及范围更广泛的先例，特别是那些由于无法用抽象理论合理解释，而被形式主义法学体系一度排除在外的先例；二是塑造法官行为的制度和文化事实，包括不同级别法官的特殊职责、所适用的特定司法程序、所接受的特殊训练和教育，以及特定时期的司法风格；三是社会行为事实，亦即特定类型情境下的社会实践，这些社会实践所遵循的是最为重要的一种“真实规则”。通过对这些事实的把握，律师或者法律顾问就能帮助当事人更好地总结司法规律，理解法官在司法裁判过程中真正考虑的问题，希望通过裁判达成的目的和效果，以及更可能或更不可能作出的裁判选择。① 判决意见只是对司法裁判过程的事后论证和事后合理化，没有反映法官的真正目的和理由，较之从既有判决意见预测个案结果，从上述事实出发的预测准确概率要大得多。

众多现实主义法学家采用了这种面向个案裁判可预测性的“事实中心主义”路径。(1) 卢埃林的老师亚瑟·科宾首倡聚焦法官行为的事实，通过对大量真实案例的艰苦研究否定了“约

---

① 参见陆宇峰：《美国的法律现实主义：内容、兴衰及其影响》，载《清华法学》2010 年第 6 期。

因”原则的普遍适用。在科宾看来，合同责任不是与抽象的“约因”联系在一起的，“在不同的时间、不同的地点、千变万化的各种情境下，法院经常适用合同责任”①。因此，司法裁判的合理预测不可能从既有判决意见关于“什么是充分的对价”的说辞中获得，而是必须研究法院实践所面对的“真正问题”，亦即“什么允诺应该被执行”②。（2）卢埃林强调塑造法官行为的制度和文化事实，认为在上诉法院的审理过程中，“司法传统”是“有助于实现其审理活动及其最终结果的稳定性”的最重要因素，并逐一讨论了其他 14 种“上诉法院中的稳定性因素”，包括：受过法律训练的官员；司法原则；公认的原则性技巧；法官的职责；单一正确的答案；法院的单一意见；来自下级法院的事实冻结记录；预先限制、突出和拟定措辞的审理；律师的对抗性辩论；集体判决；司法保障与诚实；公知的法庭；各时期司法风格；专业司法职位。③（3）许多现实主义法学家都关注社会行为的事实，甚至认为司法裁判的预测依据主要在于当时当地的社会实践。例如，奥利芬特例证道：买方与卖方之间的不竞争承诺一般都会被法院确认；而雇主与雇员之间的不竞争承诺，则通常不会被强制

① ［美］格兰特·吉尔莫：《美国法的时代》，董春华译，法律出版社 2009 年版，第 125～127 页。

② 朱广新：《美国法上的允诺禁反悔制度研究》，载《环球法律评论》2006 年第 2 期。

③ 参见［美］卡尔·卢埃林：《普通法传统》，陈绪刚、史大晓、仝宗锦译，中国政法大学出版社 2002 年版，第 18 页。

执行；时下盛行的“非正式商业规范”促成了这些不一致的结果。[①] 又如穆尔也力图通过实证研究表明，各州在银行法领域的不同司法裁判，可以从当地的不同实践中获得解释。[②] 更为有名的阐述仍然来自卢埃林，即断言司法裁判实际上由具体个案所处的社会“情境类型”以及法官的“情境感”决定。[③]

（三）解构法律确定性——另一项现实主义方案

无独有偶，在法律确定性问题上，另一位法律现实主义领袖弗兰克也曾激烈地批评庞德。他将庞德描述成一个近乎“韬光养晦”的人，借霍姆斯传人的身份成名，随后又叛变了霍姆斯，压抑了霍姆斯思想中的“革命因素”。[④] 但与卢埃林不同，弗兰克[⑤]的批评理由在于庞德[⑥]没有一以贯之地反对“机械法学”和司法“自动售货机”理论，而是要求人们“学会分割法律秩序的两个领域”：一个领域涉及“财产”和“商业交易”案件，法院对此

---

① See Oliphant, *A Return to Stare Decisis*, 14 A. B. A. J. 71 (1928), p. 159.

② See Moore & Hope, *An Institutional Approach to the Law of Commercial Banking*, 38 Yale L. J. 703 (1928). Moore & Sussman, *Legal and Institutional Methods Applied to the Debiting of Direct Discounts*- Ⅰ, Legal Method: Bankers Set off. 40 Yale L. J. 381 (1930).

③ 参见［美］卡尔·卢埃林：《普通法传统》，陈绪刚、史大晓、仝宗锦译，中国政法大学出版社 2002 年版，第 38～50 页。刘剑：《可估量性：经由传统而实现的“神话”——评卡尔·卢埃林的〈普通法传统〉》，载《河北法学》2007 年第 1 期。

④ See Frank, *Are Judge Human*, 80 U. Pa. L. Rev. 17 (1931), p. 18－19.

⑤ See Frank, *Law and the Modern Mind*, Gloucester, Mass: Peter Smith, 1970, p. 221－231.

⑥ See Pound, *Justice according to law*, 13 Colum. L. Rev. 696 (1913).

使用“公正的自动售货机”；另一个领域涉及“人类行为”问题或者与“企业行为”相关的欺诈、善意、疏忽、信托责任案件，法院对此使用“彻底的非机械方法”。在前一个法律领域中，法律是确定的，逻辑方法是可靠的，司法裁判是可预测的；在后一个法律领域中，情况则截然相反。弗兰克尖锐质疑“两种法律领域”的可分割性，认为庞德在口诛笔伐“法官不制定法律”教条的同时又试图加以维护，在揭露出机械法理学的同时又希望在行动中加以考虑。

依据对待法律确定性问题的不同态度，弗兰克将法律现实主义再区分为两大阵营：一是以卢埃林为代表的“规则怀疑论”阵营；二是以他自己为代表的“事实怀疑论”阵营。在《法与现代心智》的再版序言中，弗兰克说：“没错，规则怀疑论者的确是一支传统的左派羽翼。它从为事实怀疑论者所厌恶的传统而来。”① 从根本上讲，“规则怀疑论”与“事实怀疑论”都以现实主义的姿态面对“普通法危机”提出的法律确定性问题，但卢埃林等的解决方案，是诉诸“真实规则”以提升个案司法裁判的可预测性；弗兰克等的解决方案，则是通过明确指出法律不确定性的必然性，及其之于现代社会的积极意义，从而彻底解构法律确定性这个问题本身。

弗兰克的“事实怀疑论”认为，现代法律必然不具有确定

① Frank, *Law and the Modern Mind*, Gloucester, Mass: Peter Smith, 1970, p. xii.

性，司法裁判根本无从预测。[1] 一方面，法官独一无二的“个性”决定着对事实的认定，进而决定着司法裁判的结果。所谓“个性”，从内在起源上讲，是无数因素共同作用的产物，“包括他的父母、他所受的教育、他的老师和同伴、他所认识的人、与他结婚或没有结婚的女人、他的孩子、他所读过的书籍和文章等”[2]。因此，一份司法裁判，俨然就是主审法官整个人生经历的写照，根本不可能预测。[3] 从外在形式上讲，“个性”并非表现为固定的政治、经济或者文化观点，而是“难以捉摸的怪癖”：“某种面部痉挛、咳嗽或者姿势都可能触发回忆、痛苦或者愉悦。当初审法官听审带着这种面部痉挛、咳嗽或手势的证人时，他的这些记忆可能影响该法官听取证人的陈述或法官后来对这些陈述的回忆，

① 陆宇峰：《“事实怀疑论”的浅薄与深刻——弗兰克法律现实主义再解读》，载《江汉论坛》2014年第10期。

② ［美］杰罗姆·弗兰克：《初审法院——美国司法中的神话与现实》，赵承寿译，中国政法大学出版社2007年版，第164页。

③ 这个观点不仅与完全不考虑法官能动性的法律形式主义格格不入，而且与法律现实主义的另一支——“规则怀疑论”也有巨大分歧。持“规则怀疑论”的学者，往往受沃森流行一时的“行为主义心理学”影响，认为虽然不能从法官的说辞中发现法律运作的真实情况，但通过他们的实际行为，却可以做到这一点。参见 Herman Oliphant, *A Return to Stare Decisis*, 14 American Bar Association Journal, p. 71 – 156 (1928)。富勒甚至认为行为主义是法律现实主义的一种基本方法，并对此进行了猛烈抨击。从这个角度说，在排除掉弗兰克的基础上谈法律现实主义，很可能倒是富勒的一个巧妙策略。参见 L. L. Fuller, *American Legal Realism*, 82 University of Pennsylvania Law Review, p. 429 – 462 (1934)。

或者影响到法官对该证人证词的重要性程度和可信度所作的评价。”① 故而，试图运用社会—心理分析方法确定法官“个性”，同样无助于预测司法裁判。他甚至还郑重其事地写道：“从我个人作为初审法官的经验来看，我可以证明，一个初审法官因为中午吃得太多，下午开庭时可能昏昏欲睡，以至于他可能没有听到证词中的某个重要内容，并且可能在判决案件时会忽略它。”② 据此，法官暂时的生理或者情绪状态，也可能与“个性”结合起来，对个案裁判发生显著的影响。

另一方面，与卢埃林等主要关注上诉法院的审判实践不同，弗兰克非常强调研究初审法院的事实认定过程，这使他更加坚信法律是不确定的。他敏锐地将初审法官与历史学家相类比。历史学家总是试图发现真实客观的历史，但他不仅高度依赖二手、三手、四手的证据，这些证据虽然经过了严格的审查筛选，对其可靠性的评价却很大程度上仍是主观的；而且，证据所支撑的事实不过是历史之网上的几个点，点与点之间的联系则要依靠历史学家运用想象力加以创造，这个创造“联系”的过程更是充斥着主观性。法官同样并非案件的亲历者，他对事实的判断只能借助于证人。历史学家的证人大都已经不在人世，法官却常常能找来活

① ［美］杰罗姆·弗兰克：《初审法院——美国司法中的神话与现实》，赵承寿译，中国政法大学出版社 2007 年版，第 163 页。

② ［美］杰罗姆·弗兰克：《初审法院——美国司法中的神话与现实》，赵承寿译，中国政法大学出版社 2007 年版，第 175 页。

着的证人，进行询问或者启动交叉询问，这是法官的优势。但证人毕竟不是摄像机，证人所陈述的事实，只是“他对事实的判断”；即便能够找到“诚实”的证人，也并不必然能够保证“客观”事实的发现。心理学研究已经证实了“记忆”有多么不可靠，诚实的证人为了表明自己所言不虚，完全可能添油加醋，或者凭借想象拼接记忆的碎片，以至于把自己一同欺骗；证人往往出于同情、义愤等各种态度，不自觉地成为“某一方的证人”，义无反顾地致力于助其获胜，这种心理也非常容易造成记忆的扭曲。法官作为“证人的证人”，必须对证人的判断作出自己的判断，这就是在主观之上再加主观。①

与历史学家不同的是，法院程序不会给法官太多的时间，让他慢慢调查。初审法院之所以采取“对抗制”的诉讼模式，与迅速解决纠纷的社会需要是有关联的，尤其在法律成为稳定预期的主要机制的现代社会，这种需要更是强烈。② 一种观点认为“对

① 参见［美］杰罗姆·弗兰克：《初审法院——美国司法中的神话与现实》，赵承寿译，中国政法大学出版社 2007 年版，第 19～23 页。

② 晚近的法律系统理论认为法律的功能不在于解决纠纷、实现社会控制等，而在于“规范性行为预期的稳定化”。要言之，法律能够使互动双方对于彼此将要采取的行动，抱有一种规范性的合理期待，从而保证互动顺畅进行。在现代陌生人社会，人们之所以敢于合作，不是由于彼此熟识，也不是由于相信对方会慑服于道德、伦理压力，而仅仅是因为存在法律。一旦法院表现出难以处理诉讼，就会破坏法律的这种功能，造成互动双方对彼此丧失信任，而这是现代社会难以承受的。参见 Niklas Luhmann, *Law as a Social System*, trans. Klaus A. Ziegert, Oxford, New York: Oxford University Press, 2004, Ch. 3。

抗制”有助于发现事实真相，实际上是各方协力挖掘“真相”的过程，因为当双方当事人争锋相对地摆出证据和理由时，各自的偏见就会在对峙中展现，重要的因素就不会逃出法官的视野。弗兰克坚决反对这种“真相”理论，他认为对抗制诉讼根本上就是“战斗”，“起源于一种取代私人在法庭外斗殴的原始裁判形式”。正因诉讼的本质是战斗，人们才要花费不菲的代价雇佣律师；优秀律师的评价标准，不在于能否发现事实，而在于是否深谙法官心理，能够尽可能让法官采信对委托人有利的证据，忽略对委托人不利的证据，从而帮助委托人在诉讼战斗中赢得胜利。他们不仅懂得在法庭上应该强调什么、避免提及什么，甚至还懂得怎样使对方证人在陪审团面前显得慌张可笑。那些出庭律师手册早就指出，庭审策略的出发点“就是要阻碍初审法官或陪审团正确地评价证据的可靠性，将初审法院可能获得的、最大限度反映事实真相的证据拒之门外”。弗兰克调侃道，律师对初审法官的所作所为，“好比是一位外科医生做手术的时候，往他的眼睛里撒胡椒粉”①。

通过强调法官个性对司法裁判的影响，揭示初审法院的事实认定程序无助于“发现真相”，弗兰克论证了法律不确定性无可避免、司法裁判无可预测的观点。但他并未就此止步，而是进一步指出，法律确定性乃是一种“基本法律神话”，根源于不成熟

① ［美］杰罗姆·弗兰克：《初审法院——美国司法中的神话与现实》，赵承寿译，中国政法大学出版社 2007 年版，第 86 ~ 109 页。

的前现代人类心智。普通人出于儿童般的非理性心理，不切实际地希求可控的世界和无所不能的“父亲”替代品，愿意相信司法裁判和法律的确定性；法官则迎合普通人的这种非理性心理，竭力隐藏个人的“自由裁量”，以免“使法院溯及既往地进行法律制定这个事实，令人痛苦地太过清晰”，“法律不可预料地被改变这一事实，变得太过明显、令人不快”①。因此，基本法律神话实际上是一种柏拉图式的“高贵的谎言”，把民众当作“小孩似的”加以欺骗甚至愚弄，② 必须坚决揭穿；民众也必须丢掉幻想，正视并适应现实的世界，这才符合“现代心智”。

更重要的是，弗兰克强调法律的不确定性并非一件不幸的事情，而是有巨大的社会价值。因为“马车时代”的法律无法满足“汽车时代”的需要，“新的生产工具、新的住行方式、新的信用和所有权机制、新的资本集中化、新的社会习俗、习惯、目标和理念——所有这些变革因素都使设计出一劳永逸地解决一切法律问题的可靠法律规则的希望化为泡影”③，法律必须具有变动性和柔韧性，必须能够由法院在律师的有效帮助下不断被修正，使之适应于不断变化的社会现实、产业和政治条件，才不会成为社会发展的掣肘。换言之，弗兰克解构了法律确定性这个问题。他所

① Frank, *Law and the Modern Mind*, Gloucester, Mass: Peter Smith, 1970, p. 14 – 24, 29.

② Frank, *Law and the Modern Mind*, Gloucester, Mass: Peter Smith, 1970, p. 158.

③ Frank, *Law and the Modern Mind*, Gloucester, Mass: Peter Smith, 1970, p. 4.

看到的不是亟待拯救的法律混乱，而是令人鼓舞的工业社会的飞速发展，以及普通法为此展开的不断自我调整。至少从这个意义上讲，需要改造的不是普通法本身，而是人们对于法律确定性的迷信；形式主义法学家以及“规则怀疑论”者的共同错误就在于，他们都希望通过重塑普通法的确定性，以解决莫须有的“普通法危机”。

除弗兰克之外，同样坚决否认法律确定性和司法可预测性的现实主义者还有阿诺德。① 阿诺德比较了现代人对于三种裁判者的不同态度：第一种是坐在法庭上的法官。在大众眼中，他们的决定往往是正确的，如果有错误，也是由立法或者先例的错误造成的，或者是不幸但无可避免的，因为没有任何人类制度堪称完美。第二种是坐在办事处的官员。在大众眼中，他们如果做错了任何事，只能责怪他们自己，因为他们本来有权理性行事，却听命于文件；而如果他们作出了正确决定，也没有什么可以保证下次仍会如此。第三种是坐在委员会里的仲裁者。大众对这些人的态度介于法官和官员之间，因为他们兼有立法、司法和行政三种职能。同样是处理纠纷的裁判者，为什么人们的态度如此迥异？阿诺德对这一现象的解释是：形式主义的“法律科学”编织了名曰“实体法”的准宗教教义，法院作为其唯一代言人，接受信众的顶礼膜拜。法律科学认为，实体法与程序既相区别又相联系：

① See Arnold, *The Role of Substantive Law and Procedure in the Legal Process*, 45 Harv. L. Rev. 617 (1932).

一方面，实体法是“神圣的、基本的……永远不需要改革，因为通过逻辑分析总能发现其原则”，而程序“纯属实践性的，总是需要根据实践的细节，而非逻辑加以改变”；另一方面，实体法作为永恒的“法律”，依靠人为的程序加以执行。法官之所以独享尊崇，就是因为在众多官员中，唯有他们主要诉诸“实体法”这种“法律”。但阿诺德同时又强调，实体法与程序的上述区别和联系仅仅是一种想象，因为任何原理都既可以视为程序和可讨论的问题，也可以视为实体法和不可讨论的原则。比如，从实体法角度看，如何在买卖双方之间分配火灾造成的货损，取决于“所有权”何时转移，所有权何时转移取决于当事人的“意图”，当事人意图又取决于某种推定。但当事人当时可能根本没有“意图”，既没有考虑过“所有权”，也没有想到火灾和货损。而从程序角度看，这个问题就无非涉及法庭与陪审团的权力分配罢了。要言之，“实体法是被封圣的程序，程序是脱下圣袍的实体法”；人为区分二者并以“法律科学”之名包装前者，只是为了迎合现代人对“法治”和法律确定性的崇尚。

阿诺德还进一步指出，在现代社会，唯一可以与古代教会的庞大研究群体相比拟的，就是法律研究者群体。在普通法国家，这个群体通过不断重述先例中的“法律”，构建“实体法”的完美体系。而所谓“重述”，既是为了减少矛盾的规则、边缘性的案件，不断将特殊性涵括进普遍理论的过程；也是忽略大量规则和案件，以形成逻辑一致的原则体系的过程。这套体系形式上极端复杂，实质上极度简化。因其极端复杂，故为法院威望之所系，不只普通人不得妄评，就连政治权威也不得置喙；因其极度简化，它又只能是法官的“剧本”来源，为法官提供富有感染力的台词。是故，整个司法运作无非一场戏剧表演，需要充分发挥教化效果和艺术效果，目的在于使人们不怀疑，法律对行为提供着指引，依法律而行即可免于纠纷。法律对纠纷的处理结果具有确定性，因而具有正当性。与弗兰克一样，阿诺德也解构了“普通法危机”所提出的问题，仅仅将法律确定性理解为一种必要的骗局。

总言之，弗兰克、阿诺德等现实主义法学家以“解构”的方式，实际上指出美国并不存在所谓“普通法危机”。对他们来说，法律的确定性要么根本就不值得追求，要么仅仅是面向外行人的把戏。但不论如何，较之前一代的法学家——那些采取回避姿态的进步主义者，他们仍然正视了这个由形式主义法学提出的、自“南北战争”以降困扰美国法学大半个世纪的问题，并且明确提出了一种新的解决方案，亦即大胆地忽略这个问题或者降低这个问题的重要性，将个案正义摆在法律实践的首要位置。关于这种观点，以后还将继续讨论。此处需要再次强调的是，与通常的理解不同，尽管现实主义法学与形式主义法学在观点上尖锐对立，但它们都是对同一个法律实践问题的回应，具有问题面向的延续性。

第四章　现实主义法学家作为普通法司法传统的守护者

“清算司法保守主义”是支撑法律现实主义“反传统叙事”的另一项重要依据。但法律现实主义司法理论的核心，其实并不在于批判“洛克纳时代”秉持自由放任观点的司法保守主义，而毋宁在于呼唤司法向“情境主义”的普通法传统回归。清算司法保守主义的主要努力，来源于“一战”前的进步主义和实用主义法学，而在“一战”后的社会和智识氛围中兴起的现实主义法学，实际上与前者存在隐蔽的重大区别。

一、“一战”后“进步主义”的退场

过度强调“一战”前的“进步主义”思潮与“一战”后兴起的法律现实主义运动之间的继承关系，是造成研究者误读现实主义司法观的最重要原因。在《美国法的变迁：1870～1960》一书中，批判法学家霍维茨就认为：“法律现实主义最好被视为20

世纪早期进步主义改革纲领的简单延续。"[①] 尽管仅仅引用了耶鲁大学现实主义法学家罗伯特·黑尔[②]的《"非强制"国家的强制与分配》一文，而且黑尔恰好也是一名经济学家，但霍维茨还是颇为肯定地认为法律现实主义的第一项"遗产"，就在于对"市场中立性"预设以及基于此种预设的自由放任理论的批判；而众所周知，这种批判是进步主义运动的最大贡献，在"洛克纳案"判决之后达到顶峰。不客气地说，为了将19世纪末以降的法学史构造成一段发现法律与政治紧密关联的秘密的历史，一段最终迎来批判法学之真理的历史，霍维茨牺牲了思想和历史的复杂性。

实际上，进步主义与现实主义属于两个不同的时代。由于四个方面的原因，"一战"结束之后，进步主义就不再构成主流的社会氛围。首先，进步主义者同时强调"普通民众的利益保障"与"国家团结、自我奉献"的理念，这使他们在"一战"期间陷入了是否参战的争论，内部出现了严重的裂痕。因宣称让美国人"免于战争"而获得连任的威尔逊总统，尽管用"使民主政体得到安全，使正义弥漫于世界各地"这样的进步主义话语以及进步主义色彩浓厚的"威尔逊十四点原则"包装参战合法性，但毕竟

① Horwitz, *The Transformation of American Law* 1870 – 1960: *The Crisis of Legal Orthodoxy*, New York, Oxford: Oxford University Press, 1992, p. 169.

② See Hale, *Coercion and Distribution in a Supposedly Non-Coercive State*, 38 Pol. Sci. Q. 470 (1923).

极具讽刺性地率领美国投入了“一战”，这更加剧了对进步主义理念的怀疑。其次，进步主义同时主张政府高效有为，以及民主原则从公民和政治领域向整个社会和经济领域扩展，但随着美国的参战，民主的需求迅速被战争动员和行政管制的需求所压抑。“攘外必先安内”，为了赢得战争，美国政府不仅将民主置于技术控制之下，而且开启了对公民自由的严酷打压，特别是对劳工运动和社会正义事业的镇压。再次，“巴黎和会”上战胜国对战败国的赤裸掠夺暴露了强权政治的实质，通过战争减少战争、改造国际关系乃至传播和推广自由主义和进步主义的价值理念，被证明完全是谎言。这种情况最终导致美国的进步主义者陷入了极度的理想幻灭，社会对政府的信任急剧下降，自由放任主义理论一度重获吸引力。① 最后，进步主义者对于社会进步抱有强烈的乐观主义态度，并与“社会福音运动”带来的重塑社会道德的宗教热情结合在一起，但残酷的战争说明了繁荣与和平不会永久，“绞肉机”式的大屠杀和无意义的死亡更予人世事无常之感，“一战”后离婚率飙升和性态度的转变，从一个侧面透露出传统道德的解体。在这样的社会氛围下，天真的进步主义很快就过时了。②

“一战”后美国的智识氛围也与进步主义时代形成了鲜明对

---

① 参见赵辉兵：《美国进步主义政治思潮与实践研究》，中国社会科学出版社 2013 年版，第 221 ~ 222 页。

② See White, *From Sociological Jurisprudence to Realism: Jurisprudence and Social Change in Early Twentieth-Century America*, 58 Virginia L. Rev. 999 (1972), p. 1213 - 1214.

比。首先，在自然科学领域，爱因斯坦“相对论”推翻了牛顿静态物理学，“时空相对性”学说加剧了对基础主义价值观的怀疑。[①] 其次，社会科学领域也经历了重要转向。战前的进步主义者尽管反对斯宾塞社会进化论与自由放任经济学的结盟，却并不反对社会进化论与实用主义的结盟。他们将“进步”视为向终极目标迈进的一个既变迁又连续的过程，并且认为统计学、社会学、经济学提供了解决社会问题的科学方法，在掌握这些科学方法的专家的帮助下，政府能够通过积极的行动增进社会福利，维护社会道德。“一战”后出现的“行为科学”却明显减少了规范色彩，增加了对经验的强调，高举价值中立的大旗：行为心理学和文化人类学表明，各种文化现象背后并不存在普遍的“结构”，“应然”规范不过是受需求驱动的个人相互作用的结果，不具有先验性。这样一来，“进步”的确定目标消失了，“科学”的含义变成承认现实社会制度，经验地分析其功能及条件，从工具理性的角度来确保其有效运转。[②] 最后，通过庞德等学者，战前的进步主义者从德国人那里吸收社会学理论和“法治国”“自由法”理念，但随着美国向德国宣战以及德国的最终战败，本就存在语言障碍的美国学者失去了对德国理论的兴趣。在这样的智识氛围

---

① 参见许庆坤：《重读美国法律现实主义》，载《比较法研究》2007 年第 4 期。

② See White, *From Sociological Jurisprudence to Realism: Jurisprudence and Social Change in Early Twentieth-Century America*, 58 Virginia L. Rev. 999 (1972), p. 1214 – 1215; Leiter, *American Legal Realism*, in Edmundson & Golding eds., The Blackwell Guide to Philosophy of Law and Legal Theory, Oxford: Blackwell, 2003, p. 51 – 52.

下，相对主义替代了规范主义；经验主义替代了理性主义；怀疑主义替代了乐观主义。一言以蔽之，现实主义替代了进步主义。

二、现实主义与实用主义司法理论的差异

较之更多受到“一战”前进步主义思潮影响的霍姆斯、布兰代斯、卡多佐、庞德等所谓“现实主义法学先驱”，在“一战”后的社会氛围和智识氛围下成长起来的卢埃林、弗兰克、阿诺德、奥利芬特、穆尔等人才是标准意义上的法律现实主义者。他们在年龄和学术辈分上堪称两代人（甚至三代人），其司法理论存在重大的差异。前一代人的司法理论更明显地渗透着四种成分：一是皮尔士、詹姆斯、杜威等人带有“功利”取向的实用主义哲学；二是进步主义时代的传统观念和社会道德观念；三是19世纪末从欧洲大陆传入的“社会科学”；四是兰德尔形式主义法学的残留。由于实用主义的倾向占据了主导地位，四种看似存在矛盾的成分有机地结合起来，故可以概括称为“实用主义司法理论”。

以霍姆斯为例。首先，作为实用主义哲学家詹姆斯的密友，霍姆斯不重视公平、正义等法律的内在价值，但要求司法裁判对外在社会目的做功利主义的衡量。他认为每项法律原则都是由某种社会利益或者社会目的支撑的，与此同时，社会利益和社会目的又是多元的和相互冲突的，因此司法裁判应当衡量不同的社会目的的价值，依据更大的社会利益决定扩展还是限制一

项法律原则。① 其次，与进步主义者一样，霍姆斯也强调保护传统、道德和民意。在他看来，尽管从实用主义的角度讲，某些社会传统、社会道德和公共意见是违反功利原则的错误，但法律仍然有必要加以保护，否则就可能招致更大的恶，更不符合实用主义的要求。“一个健全的法律体系首先要做到的是顺应社会的真实情感和要求，无论这些情感和要求是对是错”。② 晚近的研究也指出，霍姆斯是一个“奇怪的、高深莫测的人”，他“伟大的自由主义者”形象是拉斯基和弗兰克福特在“一战”时期编造的；“真实的霍姆斯是凶猛的、苛刻的甚至是残忍的”，他对“洛克纳案”的批评并非因为同情劳工和支持劳工立法，而是强调司法不应对立法施加即便是正确的过度干预，因为法律不得不服从“流行的偏见”③。再次，霍姆斯在大学期间就游历过欧洲大陆，对运用欧陆的社会科学研究普通法抱有一种期待，认为以实用主义的姿态探寻法律的目的和效果以往只能依靠历史学方法，未来则可以立足当下，使用经济学、统计学等社会科学方法。他显然相信，社会科学可以为法律的创制和改革提供关于社会趋势和社会

① See Homes, *Law in Science and Science in Law*, 12 Harv. L. Rev. 443 (1899), p. 456.

② ［美］霍姆斯：《普通法》，冉昊、姚中秋译，中国政法大学出版社 2006 年版，第 37 页。

③ Gray T, *The New Formalism*, Stanford Public Law and Legal Theory Working Paper Series, 1999, p. 3. 参见［美］格兰特·吉尔莫：《美国法的时代》，董春华译，法律出版社 2009 年版，第 75～87 页。

发展规律的确切知识，或者助益于对相互冲突的社会目的、社会利益的准确衡量。[①] 最后，与通常的理解不同，霍姆斯实际上非常赞赏兰德尔精致的法律体系。1871 年、1872 年，兰德尔的两卷本契约法案例教材陆续面世，时任《美国法律评论》编辑的霍姆斯都寄予了高度评价。第一卷出版时，他推荐每个法律学生都应该购买和学习这本教材，盛赞这本教材根据重要的法律原则对案例进行组织，按照时间顺序列举了核心案例以说明每项原则并且不加评论；第二卷出版后，他再次赞扬了教材的体例，并且特别强调“索引”部分以契约法一般原则而非契约主题安排案例。[②] 实际上，霍姆斯与兰德尔的争论仅仅在于，当完美的体系在现实的司法裁判中得出不合理结论时，应当坚持“科学”还是取向于“便利”；对于霍姆斯来说，兰德尔的形式主义法学和演绎逻辑方法适应于一般案件、简单案件的裁判，只有在遭遇特殊的疑难案件时，才需要以实用主义的方式加以调整。

霍姆斯有 3 句名言常常被作为后辈的现实主义法学家们所引用：第一句出自其著名演讲《法律的道路》——“所谓法律，就是对法院实际上将会做出什么的预言，而绝非其他矫饰浮夸之辞”；第二句出自其在“洛克纳案”中的著名异议意见——“一般的命题不能裁判具体的案件”；第三句出自出自其名著《普通

① 参见［美］霍姆斯：《霍姆斯读本：论文与公共演讲选集》，刘思达译，上海三联书店 2009 年版，第 29 页。

② See Kelley & Holmes, *Langdell and Formalism*, 15 Ratio Juris. 26 (2002), p. 30.

法》，“法律的生命不是逻辑，而是经验”。仅仅从这三句话来看，霍姆斯似乎确实表达了法律现实主义的一些核心理念，包括反概念主义、情境主义、经验主义等。然而，正如上文所展现的，霍姆斯作为“非现实主义”者的特质同样非常明显：一是十分重视法律的应然层面，秉持功利主义原则；二是对进步主义时代的社会道德观至少持有一种承认态度；三是赞赏社会科学，认为科学的方法能够为法律研究带来坚实的、有规律可循的社会事实基础；四是至少并不厌恶法律的体系化和演绎逻辑——“霍姆斯并没有告诉我们当经验沉默无语时应当忽视逻辑”①。事实上，一旦从对司法理念的抽象讨论转向有关司法裁判的具体讨论，法律现实主义者就发现与霍姆斯产生了分歧。例如，库克和云特马等现实主义法学家都激烈反对形式主义法学家比尔以“既得权”作为构建冲突法体系、进行《冲突法重述（第一次）》的抽象理论基础，而1904年霍姆斯采纳“既得权”理论进行判决的“斯莱特案”给20世纪30年代比尔的重述工作提供了重要的案例支持。②又如，在《合同法重述（第一次）》的起草过程中，主持者威利斯顿所主张的“交易性对价”理论也来自霍姆斯，实际上要求法院基于这种一元的对价理论按照逻辑演绎方式裁判案件。威利斯

① ［美］本杰明·卡多佐：《司法过程的性质》，苏力译，商务印书馆1997年版，第17页。

② 参见许庆坤：《美国冲突法理论嬗变的法理——从法律形式主义到法律现实主义》，商务印书馆2009年版，第54～55页。

顿的助手、现实主义法学家科宾坚决予以抵制，并成功迫使“重述小组”接受了软化该原则的“承诺禁反言”条款。①

布兰代斯比霍姆斯年轻 15 岁，他本身就是进步主义运动的领袖人物，在律师执业期间由于无偿代理公益诉讼、为劳工阶层提供辩护、向保险公司和银行宣战而被称为“人民的律师”。1916 年被任命为美国联邦最高法院史上第一位犹太人大法官之后，布兰代斯又与霍姆斯“并肩作战”，支持政府对经济和社会的立法干预。更重要的是，他在“马勒诉俄勒冈州案”② 中率先运用社会科学的方法写作辩护词，在仅 2 页的法律意见之后，附加了长达 100 多页的事实摘要，以大量的统计数据、社会学证据、生物学证据论证劳动时间过长对妇女造成的损害，从而使美国联邦最高法院维持了俄勒冈州限制妇女工时的法律。这种事实摘要的成功引起律师们的竞相模仿，对美国的诉讼影响深远，至今仍被称为“布兰代斯摘要”。但同样主张研究事实的一些法律现实主义者却对“布兰代斯摘要”不感兴趣，他们并不相信社会科学可以确切无疑地论证某种法律规范的必然正确性，不仅认为统计学、经济学、社会学最多可以用于描述特定情境下的事实，无法支撑一般的规律，而且怀疑社会科学的事实结论受调查者“前

---

① 参见朱广新：《美国法上的允诺禁反悔制度研究》，载《环球法律评论》2006 年第 2 期。

② Muller v. Oregon, 208 U. S. 412 (1908).

见”的影响，甚至可能出于个人的目的而被随意捏造。[①]

霍姆斯美国联邦最高法院大法官职位的继任者卡多佐比霍姆斯年轻近30岁，比卢埃林、弗兰克等法律现实主义者仍年长20多岁，也是一名实用主义法学家。卡多佐司法理论的特点在于“均衡”，注重在司法过程中平衡规则的确定性、法律发展的历史、传统与道德、社会利益等各方面因素，这是其与现实主义司法理论的明显不同之处。他相信“在法律的某些领域”，机械的、形式的检验“既是有用的，也是可行的”；认为“堆积成山”的案件“只有一条路、一种选择”，相关法律规定“非常明了、非常确定”；只有当案件不存在决定性先例的时候，或者严格遵循先例会导致明显不公的时候，法官才获得了“真正的选择机会[②]”。他所阐述的实用主义的“法官造法”说深受现实主义法学家赞赏，实际上却仅仅是用于补充形式主义的“法律发现”说。在他看来，法官首先要“发现”先例中的法律，决定是否加以适用或者是否加以发展，然而再根据对法律目的、功能或者司法后果的评估，综合或者权衡使用哲学的方法、进化的方法、传统的方法和社会学方法作出判决。“一个原则的指导力量也许可以沿着逻辑发展的路线起作用，我将称其为类推的规则或哲学的

① 参见［美］杰罗姆·弗兰克：《初审法院——美国司法中的神话与现实》，赵承寿译，中国政法大学出版社2007年版，第230～233页。

② ［美］本杰明·卡多佐：《法律的成长：法律科学的悖论》，董炯、彭冰译，中国法制出版社2002年版，第34～39页。

方法；这种力量也可以沿着历史发展的路线起作用，我将称其为进化的方法；它还可以沿着社区习惯的路线起作用，我将称其为传统的方法；最后，它还可以沿着正义、道德和社会福利、当时的社会风气的路线起作用，我将称其为社会学的方法。”① 在卡多佐阐述的这四种司法方法中，哲学的方法，亦即逻辑的形式主义方法是基本方法——“除非有足够的理由，我并不打算……糟蹋法律结构的对称”②；社会学的方法，亦即功利的实用主义方法尽管较少直接使用，却更具根本意义，是判断是否应当适用其他各种方法的标准；而传统、习惯、道德、历史发展的因素，亦即进步主义理念所重视的各种价值也得到考量。

前文讨论较多的庞德与卡多佐同岁，以其“社会学法学”著称于世，但也属于实用主义法学家的范畴。较之霍姆斯，庞德的理论成型期是在20世纪初，因此，一方面对于形式主义法学以及依赖演绎逻辑的司法的弊端有更强烈的感受，不再赞赏法律的科学体系；另一方面较多地吸收了进步主义的理念，更加明确地反对自由放任的保守主义司法，更加注重维护社会传统和社会道德，更加重视法律的“理想”因素。他与卡多佐一样，都呼吁“普通法法官为了社会的善益而立法”，都在很多方面“呼应了温

① ［美］本杰明·卡多佐：《司法过程的性质》，苏力译，商务印书馆1997年版，第15～16页。

② ［美］本杰明·卡多佐：《司法过程的性质》，苏力译，商务印书馆1997年版，第17页。

和的进步主义者”的政治诉求，“不仅强调了司法机关造法，也强调了政治上温和的立法机关造法”，以补救自由放任造成的困难，以及饮酒和妓女的“罪恶”。[①] 与此同时，庞德对于形式主义法学的批判也是不彻底的，他将法律规范和逻辑演绎置于重要地位，相信法院至少在涉及“财产和商业”的案件上可以成为“自动售货机”，并且也追求司法裁判在变迁过程中的连续性。更重要的问题在于，他同样强调功利原则或者社会利益最大化原则在司法裁判中的运用，认为司法裁判应当有助于实现根植于共同道德价值的共同目的，认为法律应当成为一项增进社会福利的“社会工程”，认为“正义”意味着“在最少阻碍和浪费的条件下尽可能多地满足”人类的各种要求，这是其实用主义法学家身份的最明显标志。[②] 在1905年发表的两篇文章中，庞德充分展现出其作为实用主义法学家与现实主义法学家的重要区别：《衡平法的衰落》一文坚持法律是一种抽象的一般规则，只是需要根据具体情况加以变通，避免陷入机械主义；《我们需要法哲学吗》一文秉持明显的进步意识形态，批评普通法“过分关注个人……对现实世界中与个人相冲突的社会的需要关注太少”，以至于“发现

---

① 参见［美］斯蒂芬·M. 菲尔德曼：《从前现代主义到后现代主义的美国法律思想》，李国庆译，中国政法大学出版社2005年版，第200～201页。

② 参见［美］罗斯科·庞德：《通过法律的社会控制》，沈宗灵译，商务印书馆2010年版，第39页；White，*From Sociological Jurisprudence to Realism：Jurisprudence and Social Change in Early Twentieth-Century America*，58 Virginia L. Rev. 999（1972），p. 1011。

自己与人民为敌”①。

与霍姆斯、布兰代斯、卡多佐、庞德等的实用主义司法观不同，法律现实主义者的司法理论一是更加坚决地解构形式主义法学，认为不论面对简单案件还是“疑难案件”，涉及“财产和商业”的案件还是涉及“个体人类生活”的案件，司法裁判都不由法律体系、法律规范和演绎逻辑决定。这与形式主义法学并未被实用主义法学“批倒”，而是在“一战”后继续统治美国法学研究、垄断美国法学教育、支配美国法学会的法律重述工作、主导美国司法裁判模式有关。二是更加坚决地区分应然与实然、理想与现实，实际上基本不讨论司法在规范意义上的应然和理想因素，不强调支持或者尊重社会传统和社会主流道德意见的必要性。这与“一战”后进步主义退场，享乐主义盛行，传统解体、道德多元化的趋势有关。三是崇尚相对主义的、描述性的“经验社会科学”，反感揭示普遍真理的“理论社会科学”。四是既不要求通过司法裁判追求社会利益最大化，也并不基于功利原则反对自由放任和保守主义司法，而是仅仅强调司法应当符合个案的情境理性或者实现个案公正；二者都与怀疑社会科学有能力提供改造社会的普遍法则有关，也与更加注重特殊性的、经验性的新科学氛围的影响有关。

所有这些差异都表明，现实主义不像实用主义那样，主要反

① ［美］罗斯科·庞德：《普通法的精神》，夏登峻校，法律出版社 2010 年版，序言。

对“洛克纳时代”的“保守主义”司法。对于现实主义法学家来说，“洛克纳”式司法的弊端不在于支持自由放任的经济理念，违背功利原则或者社会传统、主流道德、公众意见，而在于不符合追求特殊化的个案正义、重视具体社会情境的普通法司法传统。一言以蔽之，破坏普通法传统，才是现实主义法学家眼中形式主义司法的症结所在；而没有真正重视这一点，是实用主义法学无法终结形式主义司法和“普通法危机”，以至于最终被现实主义法学取而代之的重要原因。既有的研究错误地塑造了法律现实主义颠覆司法保守主义的反传统形象，其根源就在于将实用主义法学与现实主义法学混为一谈，以“先驱”标签混淆二者的差异性。①

① 另外一些“先驱”，如格雷和霍费尔德，实际上是美国的分析法学家。霍菲尔德是科宾的老师，格雷甚至是庞德的老师，他们在学术传统上都追随边沁、奥斯丁、凯尔森。他们受到现实主义法学家的追捧，主要是由于三个方面的原因：一是实证主义法学就本身明确强调法律与道德的分离；二是美国的分析法学家依据缺乏“议会至上”原则的美国普通法传统，弱化了法律与主权者、立法者之间的关系，阐述了一种取向于司法裁判的实证主义法学；三是他们对抽象的法律概念进行了细化的分析和拆解，这被认为更切合社会实践的事实。格雷 1909 年出版的《法律的性质和渊源》，细致考察了权利义务的非对称性、受保护的利益与权利的差异、法律主体的“拟制”等，并进一步区分“法律”与“法律渊源”，认为制定法和判例法都不能称作法律。在他看来，规则的含义要由法院来宣布，正是基于法院宣告的含义，规则才作为法律强加给社会；规则的解释和规则本身并非同一概念，前者才是真正的法律，后者只是与习惯、政策、道德处于同一位阶的法律渊源而已。霍姆斯所谓“法律就是对法院实际上如何判决的预测”，主要还是一种修辞，并无否定规则之意；格雷则是第一个真正将法律规则视为司法裁判次要因素的学者，这一理念被法律现实主义者直接继承。霍菲尔德 1913 年发表《司法推理中应用的基本法律概念》，指出抽象而模糊的法律概念阻碍了司法推理，提出将一般的权利和义务关系分解成四对具体法律关系：要求权（rights）与

三、回归“普通法传统”：现实主义者的司法理想

归根结底，现实主义法学家的司法理论不仅并不“反传统”，而且致力于回归美国司法的“普通法传统”。无论是卢埃林等“规则怀疑论”者，还是被公认为更加激进的“事实怀疑论”者阿诺德和弗兰克，实际上都将重扬普通法传统视为自己的司法理想。①

在 1930 年出版的首部著作《荆棘丛》中，卢埃林猛烈抨击了“纸上规则”支配司法实践、维持裁判确定性的学说；但在 1960 年出版的最后一部著作《普通法传统》中，他又为上诉法院司法裁判的“可估量性”竭力辩护。这种看似不可思议的转变背后，隐藏着一套一以贯之的现实主义理论：《荆棘丛》表明，由于诠释规则的方法缺乏统一性，拘泥于“纸上规则”的“程式化风格”的司法并不能实现可估量性；《普通法传统》则表明，司法裁判要获得较高程度的可估量性，唯有诉诸“真实规则”、具

义务（duties）、自由权（privileges）和无权（no-rights）、支配权（powers）和责任（liabilities）、排除权（immunities）和无资格（disabilities）。这种做法启发了众多法律现实主义者，以至于卢埃林将“以比过去更细微的类别归纳案例和法律事实”作为法律现实主义者的共同出发点之一。从这些方面看，现实主义法学从美国实证主义法学那里受到的启发，甚至比实用主义法学还多。尽管如此，仍然不应将实证主义者与现实主义者相混淆，一个核心理由是：实证主义者对于概念和规则的关注，远远超过了社会事实。

① 参见陆宇峰：《“事实怀疑论”的浅薄与深刻——弗兰克法律现实主义再解读》，载《江汉论坛》2014 年第 10 期。

备“宏大风格”。这是由于秉持司法“宏大风格”的法官采用了现实主义的立场，充分考虑具体案件所处的“情境类型”，并引入人们共享的理性、常识和公平感。具体案件殊异多端，但在一定时期或者一定区域内，它们的“情境类型”却较为稳定；法官个人好恶不一而足，但同一情境中带有实用面向的自然理性却相对统一。这就决定了“宏大风格”之下创制和改进的规则，既可以得到普通人的理解和运用，又能够保障不同法官作出大致相同的判决。卢埃林明确指出，这种“宏大风格”的司法才是美国的“普通法传统”①。他通过对大量真实判例的研究，划分了美国上诉法院自19世纪初以来的3个不同历史时期：19世纪20年代至19世纪60年代，是司法的宏大风格时期；19世纪60年代至“一战”，是程式化风格占据支配地位的时期；“一战”以后，宏大风格有所回潮。② “‘风格的转变’已经开始”③，卢埃林的司法理论，就是旨在继续推进这种转变。

阿诺德的司法理论，也只有从维护普通法传统的角度，才能得到清晰的理解。在解构了“实体法”和“法律科学”之后，阿诺德并没有将它们请下神坛，而是继续要它们为司法的“戏剧效果”提供保障。不仅如此，他还非常担忧随着法律原则数量和复

① ［美］卡尔·卢埃林：《普通法传统》，陈绪刚、史大晓、仝宗锦译，中国政法大学出版社2002年版，第38～50页。

② 孙新强：《论普通法的“宏大风格”》，载《法制与社会发展》2007年第1期。

③ 孙新强：《论普通法的“宏大风格”》，载《法制与社会发展》2007年第1期。

杂程度的日益增长，通过“重述”简化和体系化法律的任何努力都将不再有用，从而威胁到“实体法”和“法律科学”的存在。他甚至积极地出谋划策：“唯一能阻止原理和先例之混乱的办法，就是将实体法视为理念和一般指导，与那些将其扭曲到如此复杂和困难情状的案例相隔离。”他高度评价英国的司法实践，因为“英格兰的法官同样运用实体法的观念，使自己获得威望，免于批评。但通过向初审法院转移权力，使上诉法院难以对各种原理加以书面运用，英格兰又将实体法原则与困扰他们的实际案例分离开来”。通过精巧的制度设计，在英格兰，实体法仅像“哲学指南”那样发挥作用，阿诺德对此大加赞叹。① 实际上，他相信司法戏剧的表演不能停止，实体法和法律科学的大厦不能崩塌，在此前提下，只有把这些本已脱离实际的、被神化的东西进一步架空，才能为普通法的精髓，亦即实事求是的司法实践腾出位置。

在所有现实主义法学家中，弗兰克的司法理论遭到了最多误解。他的“事实怀疑论”解构了法律确定性问题，并且反对“规则怀疑论”者依据对上诉法院司法裁判的研究，继续追求司法的可预测性。尤其是他对法官个性决定司法判决的论述，被普遍视为反传统的极端观点，以至于富勒②的名作《美国法律现实主

---

① Arnold, *The Role of Substantive Law and Procedure in the Legal Process*, 45 Harv. L. Rev. 617 (1932), p. 637 – 640.

② Fuller, *American Legal Realism*, 82 U. Pa. L. Rev. 429 (1934).

义》开篇就以一种反讽的语气，暗示了对弗兰克不屑一顾的态度："卢埃林并不认为确定性不过是孩子气的任性的证明，20 世纪心智中不足取的东西，而是将之视为一种真正的价值。"法律现实主义的当代研究者赖特则以"极端观点"为由，实际上否认了弗兰克在现实主义者中的旗手地位。[①] 中国学者的研究也指出，弗兰克的理论"被公认为是现实主义中最幼稚的类型"[②]。但弗兰克司法理论的根本诉求，其实同样在于宣扬普通法重视经验和个案正义的司法传统。这一点有必要详细论述。

弗兰克之所以反对聚焦上诉法院的研究，是因为美国上诉法院几乎不考虑事实问题，仅仅关注上诉法院的法学家很容易沉迷在二维的人造世界中，夸夸其谈应该适用何种规则。这些讨论必然毫无意义，因为真实的法律世界是"三维"的：除了"规则"和"判决"之外，"事实"之维不仅不可或缺，甚至更为重要。大多数案件在初审法院已告终结，而几乎所有上诉案件都假定初审法院已经正确认定了事实。当上诉法官们根据错误认定的事实激烈辩论规则适用问题时，这样的"正义之举"与个案公平并无关系；当初审法官并未说明事实认定的依据，而上诉法官只能根

---

① Leiter, *Legal Realism and Legal Positivism Reconsidered*, 111 Ethics. 278 (2001), p. 290.

② 柯岚：《法律方法中的形式主义与反形式主义》，载《法律科学》2007 年第 2 期。

据初审判决逆向推定这些依据时，对规则适用问题的讨论更是扭曲。[①] 弗兰克力图表明：初审法院才是整个司法体系的核心，事实认定才是整个司法运作的中心。他不是在“怀疑”事实，不是在“攻击”事实认定，而是通过强调“事实”的基础地位，指出个案的事实才是重中之重；相形之下，普遍的规则根本无关紧要。这正是“普通法传统”的题中之义。

在详尽阐发了“事实怀疑论”之后，弗兰克还提出了一系列关于司法改革的建议，其目标同样是回归“普通法传统”。[②] 某些改革建议容易误导读者，比如第一条中涉及改革质证程序、提高证人可信度、限制证据排除、防止证据突袭的六项措施，乍看起来，无非主张更加全面地提供证据、深入地审查证据，以获取“客观事实”。但弗兰克自己的答案是：“改革目前指导审判的战斗模式中的一些过头之举”[③]。在揭示了对抗制诉讼的本质乃是“战斗”，而非发掘“真相”之后，他忧心忡忡地感叹道：“我们已经使这种斗争精神发展到了过分危险的境地”[④]。危险就在于，如果庭审完全等同于一场战斗，那么雇得起好律师的当事人就总

---

① 参见［美］杰罗姆·弗兰克：《初审法院——美国司法中的神话与现实》，赵承寿译，中国政法大学出版社 2007 年版，第 177 ~ 183、242 ~ 245 页。

② ［美］杰罗姆·弗兰克：《初审法院——美国司法中的神话与现实》，赵承寿译，中国政法大学出版社 2007 年版，第 464 ~ 465 页。

③ ［美］杰罗姆·弗兰克：《初审法院——美国司法中的神话与现实》，赵承寿译，中国政法大学出版社 2007 年版，第 464 页。

④ ［美］杰罗姆·弗兰克：《初审法院——美国司法中的神话与现实》，赵承寿译，中国政法大学出版社 2007 年版，第 86 ~ 109 页。

能获胜。《初审法院》是一幅油画长卷，生动地勾勒出这样一种司法场景：在那过于庄严肃穆的法庭上，法袍裹身、表情全无的法官，除了徒增证人的精神压力，就是对眼前的一切听之任之；代表国家的检察官受到斗争精神的影响，利用免于证据开示的特权，时刻准备对被告展开突然袭击；有钱人的优秀律师借助娴熟的技巧，使不利证人失信于人，不利证据得到合法排除；贫穷的当事人却因付不起调查费用，错失关键证人和关键证据，沦落到百口莫辩的境地。“尚武精神”的结果，最终使诉诸司法成了“购买正义”。如果说“战斗理论”所描述的是对抗制诉讼的实然状态，“真相理论”所幻想的是对抗制诉讼的应然状态，那么弗兰克就是试图找寻实然与应然之间的一条可能出路。换言之，弗兰克的改革建议不是要限制法官的主观性，不断接近“客观事实”，而是要使当事人在庭审中受到公平对待，从而获得“可感知的正义”。他的第 5 条建议，即教育警察，禁止刑讯逼供，也出于同样的考虑。

弗兰克十分清楚，在事实认定过程中，法官的主观性是无法“限制”的。他的改革建议不是要减少法官的主观色彩，反倒是要求法官尽可能将案件情况全面纳入主观认识，但也要在通过制度建设防范主观认识错误的同时，以各种配套措施提高这种主观认识的水平。这里涉及三个问题：第一，主观建构的事实是一回事，基于不全面的证据作出主观事实认定，又是另一回事。所以弗兰克第四条建议要求检察官出示所有重要证据，包括对被告有利的证据。第二，认识具有主观性是一回事，主观认识混乱错误又是另一回事。一个复杂案件的最终事实，是一项项特定事实相联结的结果，在这个联结过程中，初审法官可能犯有思维错误。如果呈现在上诉法官面前的初审判决只包括简单的“最终事实”，往往就会错失检验出思维错误的机会。因此弗兰克的第七条建议，要求初审法官在所有案件中公开特别事实认定。同样，上诉法官也可能犯主观认识错误，当他不得不依据简单的初审判决“推定”事实时，尤其如此。因此，弗兰克的第十一条建议又提出，在上诉案件中，允许初审法官参与上诉法院的审理，以减少上诉中的形式主义。第三，法官必然诉诸主观认识是一回事，有没有足够的主观认识能力又是另一回事。这就是为何弗兰克的建议还包括面向实践的法学教育改革（第二条）和法官的心理学训练（第三条）。这些建议有关法官“睿智”的培养，一方面通过不断参与实践活动，使其积累丰富的经验，另一方面塑造其自我剖析、自我审查的能力和品质。这种培养方式的理想产品，正是韦伯眼中具有“卡理斯玛性格”的传统普通法法官。①

与通过明确的法律规则实现社会控制的思想相关联，现代革命以来的欧陆法官注重司法裁判的社会效果，一向以法典守护者甚至“自动售货机”的面目示人，而普通法法官的血脉里，却留有作为国王代表巡回处理纠纷的印记，留有律师公会纯实务技术

---

① 参见［德］马克斯·韦伯：《法律社会学》，康乐、简惠美译，广西师范大学出版社2005年版，第333～334页。

训练的印记，因此，更加注重个案的具体处理，其威望也来源于个人的智慧与德行。① 弗兰克甚至认为，如果大陆法系的历史渊源是罗马法，那么普通法的历史渊源就是雅典的法律实践。他引证梅因的观点说，雅典人的智慧、高贵和灵活性，使他们不会接受法律规则的严格束缚，只要对于个案的公正判决不利，他们就不惜牺牲法律规则。雅典人没有给后世留下罗马法那样的原则体系，原因即在于此。但弗兰克坚决反对梅因对雅典人的负面评价，不承认给每个个案公正判决竟然比不上为后人留下一个法律体系。② 从这个角度继续来看，弗兰克的第十条建议，即明确赋予初审法官案件个别化处理的权力，根本不是"改革"建议；第十二条建议"拍摄庭审有声电影"和第十三条建议"引导非法律人，让他们认识到，初审法院比上诉法院重要"，也同样是试图重新树立与普通法传统相适应的观念：个案的正义重于抽象的正义。

一一剖析下来，可能具有反传统色彩和改革意义的建议只剩下最后三条，即"让法官脱下法袍"（第六条）和调整陪审团制度（第八条、第九条两条）。但弗兰克认为，在普通法传统中，身着法袍、头戴假发的法官和由外行人组成的陪审团既是较有标

① 参见［德］马克斯·韦伯：《法律社会学》，康乐、简惠美译，广西师范大学出版社 2005 年版，第 182 ~ 189 页。

② 参见［美］杰罗姆·弗兰克：《初审法院——美国司法中的神话与现实》，赵承寿译，中国政法大学出版社 2007 年版，第 415 ~ 418 页。

志性的元素，也是与该传统自相矛盾的元素。就法袍问题而言，普通法法官的声望源于对其高超实务技艺的肯定，法袍却制造一种“神秘主义”的气氛，诱导人们的盲目崇拜；普通法的精髓在于经由因时制宜的个案裁量适应社会的发展，法袍却代表着“保守主义”，对抗制定法所凝聚的“与时俱进”的民意；普通法的审判实践凸现出法官个人的判断，彰显出不同法官的“个性”，法袍却维系着“司法反应的一致性这种假相”，渗透着“普遍主义”的气息。① “神秘主义”“保守主义”“普遍主义”不仅与普通法的精髓格格不入，还恰好是深受罗马法体系化思维、自然法超越性品格之影响，试图制定永恒法典的大陆法系的特征，因此必须加以改革。

陪审团制度的致命弱点，则在于不具专家品格。与大陆法的专家皓首于学院，法官只是手捧法典、按图索骥不同，普通法的专家汇集于实务领域，正是那些精通实践技艺的法官。普通法的司法实践高度强调专业性，与陪审团制度格格不入。首先，庄严的法庭、有限的时间、拖沓的程序、富于诱导性的律师、错综复杂的证据，都构成了作为外行的陪审团的严重障碍，迫使他们在剪不断理还乱的局面逼迫下，作出非理性的事实认定。其次，与陪审团只裁定事实的一般认识不同，他们的工作实际上同样涉及法律问题。但外行陪审员不可能通过法官的简单指示，了解法律

---

① 参见［美］杰罗姆·弗兰克：《初审法院——美国司法中的神话与现实》，赵承寿译，中国政法大学出版社 2007 年版，第 277～285 页。

规则的真实含义，也没有能力确知法律对当事人权利义务的分配情况。① 最后，这样一种缺乏专业性的司法制度之所以曾经备受青睐，在 17 世纪的英国，是对抗斯图亚特王朝及其代言人皇家法官的专制统治所需。在 18 世纪的美洲殖民地，则是抵御英国政府控制下的法官所需。换言之，陪审团并非普通法传统的主干部分，毋宁只是特定历史和政治的产物。当一个独立的美利坚出现以后，就没有继续广泛存在的必要了。②

弗兰克的第十三条司法改革建议可谓“攻守兼备”。其所攻者，系普通法中具有偶然性的制度和影响法官睿智行动的因素；其所守者，则系迥异于大陆法系的实践智慧和对个案正义的优先诉求。回头看来，弗兰克对“事实怀疑论”的阐述，始终交织着一明一暗两条线索：明的一条全面剖析“事实认定”问题，反复论证法官“个性”之于个案裁判的决定意义；暗的一条则不断贬抑奉“规则普遍性”为圭臬的大陆法系理念，一再张扬重视“个案特殊性”的普通法系实践。在两条线索的交汇处，弗兰克最终提出了一套建设性的改革方案，试图以新时代的理性精神和科学态度，为古老的普通法传统灌注新的生命。

① 比如，普通法法官可能告诉陪审团：如果你们认定事实是 A，那么应该裁决原告胜诉；如果你们认定事实为 B，则应该裁决被告胜诉。但陪审团的裁决只有一句话：“我们作出对被告有利的裁决”，没有人知道他们是否遵照法官的指示，正确地联结了事实与规则。

② 参见［美］杰罗姆·弗兰克：《初审法院——美国司法中的神话与现实》，赵承寿译，中国政法大学出版社 2007 年版，第 115～117 页。

总言之，卢埃林、阿诺德、弗兰克等众多现实主义法学家都表现出对于普通法司法传统的尊重和赞赏，这与“反传统叙事”所勾勒的形象迥然不同。一方面，他们固然激烈反对“洛克纳时代”的形式主义司法模式，但这种模式与其说构成了普通法的司法传统，毋宁说是深受大陆法系概念法学、演绎逻辑和机械司法影响的一股“逆流”。就此而言，现实主义的司法理论恰恰是保守的，没有改造普通法司法的反传统野心。另一方面，他们对这股逆流的抵制，不是借助欧陆“利益法学”“社会法学”的理论资源，也不是借助吸收了这些理论资源、由上一代法学家阐述的进步主义和实用主义法学，而是诉诸新的经验科学和普通法的司法传统本身，亦即采用一种“情境主义”的进路。这种进路可能侧重于个案裁判的情境，也可能侧重于纠纷所处的社会情境，但无论如何，都是坚决地反对抽象规范和演绎逻辑的束缚；这种进路可能在当时恰好支持了进步主义者和实用主义者对自由放任司法理念的反动，但其本身是纯粹技术性的，并不抽象地赞同某种特定的伦理观念、价值判断或者政治和社会诉求。就此而言，现实主义的司法理论是可以兼容多种意识形态色彩的，没有改造社会的反传统野心。

第五章　法律现实主义与“新政”理念的错位

法律现实主义是“新政”的官方法学，而“新政”明显地改变了美国的政治传统，在这个曾经的“守夜人国家”第一次展开了大规模行政干预，将美国带入了“福利国家”时代。在此意义上，法律现实主义最终被贴上了“反传统”的标签。然而，包括特文宁在内的一些研究者早就提出了不同意见：一方面，法律现实主义完全可以容纳不同的意识形态，众多现实主义法学家共同在各种法律领域主张现实主义的研究方法，并不意味着他们共享某种政治意识形态；另一方面，众多法律现实主义者确实支持“新政”并积极参与了“新政”工作，但他们个人的政治观点和职业选择，也不能轻易视为理论态度的延伸。[①] 以下的分析将进一步表明，法律现实主义的“官方法学”地位是颇有疑问的，其

---

① See Twining, *Talk about Realism*, 60 N. Y. U. L. Rev. 329 (1985), p. 355 - 359.

理念与“新政”的理念也存在错位，从“结盟罗斯福新政”角度展开的“反传统叙事”并无坚实的根基。

一、可疑的“官方法学”

法律现实主义在何种意义上堪称“新政”的“官方法学”？这个问题从来没有被认真讨论过。是说它指导了“新政”的诸多措施？还是指它与“新政”理念一致？又或者仅仅是表明某些法律现实主义者支持和参与了“新政”的工作？

首先，20 世纪二三十年代才兴起的法律现实主义，很难被认为是“新政”的“指导思想”。在“新政”领袖小罗斯福的政治生涯中，20 世纪初的进步主义思潮无疑产生了长期而巨大的影响：尽管出身名门望族，在格罗顿学校和哈佛大学接受了倾向于保守的教育，但作为一位 28 岁就成为纽约市参议员的早熟政治家，小罗斯福 1910 年就参与了轰轰烈烈的进步主义运动；作为致力于进步主义改革的前总统老罗斯福的侄儿，他在早期政治生活既因选择加入民主党而被堂叔大骂“叛徒”，但也因受到堂叔的影响而支持妇女选举权和劳工立法，并且终身都与老罗斯福一样“认为经济问题在本质上看是道德问题”①；1913 年担任威尔逊总统的海军助理部长后，他始终是威尔逊进步主义的支持者，积极推动建立“国际联盟”、保障世界和平，并且激烈抨击“共和党

① ［美］弗雷德里克·L. 艾伦：《美国的崛起——沸腾 50 年》，高国伟译，京华出版社 2011 年版，第 141 页。

内的进步主义运动从1916年以来一直在走向死亡”；即便在20世纪20年代前期因竞选副总统失败而下野成为商界领袖时，他仍然坚决反对政府对商业的不干预政策，“仍然保留一个威尔逊主义者的某些特色”①；当他1929年重新回归政坛、出任纽约州州长以后，纽约州很快就展开了公众权利、农业、环境保护等方面的政府干预，随着“大萧条”的来临，又迅速致力于社会稳定、社会救济、就业保障方面的措施；1932年，他刚刚成为民主党总统候选人，就发表了题为“我保证为美国人民施行新政”的演讲，不仅宣称要继承约翰逊总统的“伟大精神”，“恢复我国中断的征程，沿着真正的进步、公正、平等之路……前进”，而且实际上对包括农业调整法案、田纳西河流事务管理机构在内的众多“新政”措施提前作出了安排。所有这一切都清楚地表明，“新政”不可能是法律现实主义指导下的产物，而毋宁是小罗斯福一以贯之的政治理念的结果，早在现实主义法学登场之前就已酝酿许久，早在现实主义法学家参政之前就已经初具规模。

其次，即使从基本理念的角度来看，小罗斯福的“新政”也与实用主义法学而不是现实主义法学更为契合。行政权力向经济领域和社会领域的扩张，政府在反对经济垄断、实施经济调整、保障社会福利、维护社会平等方面的责任，功利主义原则指导下的具有社会改造色彩的行政立法，以及由此产生的与美国联邦最

① ［美］詹姆斯·麦格雷戈·伯恩斯：《罗斯福：狮子与狐狸》，孙天义等译，国际文化出版公司2011年版，第83页。

高法院的保守主义司法的斗争，早在老罗斯福和威尔逊执政的进步主义时代就已经出现了，并且一直得到富于进步主义色彩的实用主义法学的支持。“新政”固然不是“一战”后已然衰落的进步主义“社会”运动的产物，但也绝对不只是“大萧条”的偶然产物，而是进步主义“政治”运动的延续，是美国联邦政府自 19 世纪末以来权力扩张和社会改革尝试的延续。由于“大萧条”宣告了自由放任政策的失败，“新政”比老罗斯福和威尔逊的进步主义改革得到了更多来自社会公众和议会的支持，并且最终更为成功地冲破了美国联邦最高法院的阻碍，取得了更大的成就，但这并不代表“新政”是一场前所未有的革命。研究者没有将与进步主义思潮有千丝万缕联系的实用主义法学视为“新政”官方法学的原因，可能在于当 1933 年小罗斯福准备通过“新政”将美国从“大萧条”中拯救出来的时候，进步主义作为一种有号召力的社会思潮已经过时多年了。与此同时，实用主义法学的权威地位也正在向新兴的现实主义法学转移：实用主义法学的领袖霍姆斯已经从美国联邦最高法院退休，声望巨大却垂垂老矣。哈佛大学法学院院长庞德不仅也已经 60 岁，而且刚刚在论战中败给了法律现实主义运动的领袖卢埃林，被贴上了“保守分子”的标签，并且他在支持社会立法的同时，又批评新兴的行政规制机构适用制定法的“执行正义”活动是“原始衡平”的旧态复萌、对普通法普遍性的冲击、对法院司法权的侵犯。[①]

最后，仅仅因为一些现实主义法学家支持“新政”和参与“新政”工作，就认定法律现实主义是当时的“官方法学”，也不合逻辑。一方面，“新政”期间的小罗斯福即使在面对美国联邦最高法院强硬打压的时候，也并未从现实主义法学的立场出发展开反击，而是诉诸自己作为总统的宪法解释权、法官任命权、所代表的民意等政治理由，以及提高司法效率的技术理由。[②] 另一方面，一大群青年现实主义法学家之所以参与“新政”，主要因为他们大多朝气蓬勃、年富力强，尽管他们并不像小罗斯福那样，将美国联邦最高法院理解为在议会中失势的保守商业精英和政治反动派的最后壁垒，但对形式主义司法的批判比实用主义法学家有过之而无不及，这至少与联邦政府反对美国联邦最高法院的政治斗争需要不相矛盾；他们尽管在理论上没有展现出小罗斯福那样的全盘调整经济、改造社会、建设福利国家的进步主义野心，但对社会现实特别是商业实践的实证研究比实用主义法学家更加深入，这完全适应于罗斯福吸收技术专家、开展大规模社会经济立法的工作需要；他们之中的许多人尽管致力于阐述“价值中立、去意识形态化”的法律现实主义理论，但从政治身份上讲与小罗斯福同属民主党，在小罗斯福的坚定支持者卡拉克的领导

---

① See Pound, *Executive Justice*, 55 Am. L. Reg. 137 (1907), p. 140 - 145.

② 参见［美］富兰克林·罗斯福：《罗斯福炉边谈话》，张爱民等译，中国社会科学出版社2007年版，第64～74页。

下，法律现实主义的大本营——耶鲁大学法学院甚至积极开展了大量与“新政”政府的合作。[①]

总而言之，法律现实主义很难说是“新政”的官方法学，但现实主义法学家确实堪当“新政”的得力助手。

二、“事实中心主义”与理想主义的对立

仔细考察法律现实主义，就会发现其与“新政”理念的貌合神离。法律现实主义在20世纪20年代已经成型，基本定位是一套司法理论，对立法和行政问题有鲜有论及。由于极度轻视概念、规则、规范的意义，其研究对象主要是官员尤其是法官解决纠纷的司法和准司法实践，以及引起产生纠纷、引起诉讼的社会实践；其理论诉求涉及法学研究方法和司法裁判方法两个方面，但主要还是试图通过消除形式主义法学在这两个方面的不良影响，推动司法实践的关注重心从抽象规范转移到具体事实上来，使个案的司法裁判获得可预测性，或者实现个案正义。然而，大多数现实主义法学家参与“新政”的方式，却是进入政府部门，负责行政事务或者参与行政立法草案的制定。就这些工作而言，作为司法理论的法律现实主义最多只能十分间接地相关：一是提供一种方法论意义（而非实质意义）上的对行政立法的辩护，反对形式主义司法不当干预；二是提供一些社会实践方面的具体知

① 参见付池斌：《卢埃林：书本法不同于现实法》，黑龙江大学出版社2010年版，第155～162页。

识，作为行政立法的经验基础；三是提供一套更加注重情境的立法技术，以细化的概念和规则替代形式化的抽象概念和规则。由此可知，尽管诸多现实主义法学家参与了“新政”，但法律现实主义本身并不带有“新政”那种改造社会的规范性理想，而是秉持一种相对主义色彩浓厚的“事实中心主义”。

法律实践和法学研究长期是由规范主导的领域。20 世纪初，法律实用主义已经在美国兴起，但这种情况仍然没有完全改变。将法律的现实运作（事实）而非概念、规范、体系置于绝对优先地位的做法，不仅截然对立于自然法学、形式主义法学、实证主义法学，也与兼顾规范的实用主义法学有很大差异。然而，在法律思想谱系的外部，社会科学早已开启了这种视角转移：“一战”前各种社会学、人类学、心理学、经济学思潮，都在运用田野调查和统计等新方法，试图穿透意识形态、文化观念等规范性自我理解，直面现实的行动领域，发掘潜藏在各种话语背后的深层结构；“一战”后受价值相对主义影响的新兴行为科学，更是拒斥应然层面的规范研究，倡导从客观行为的经验分析出发，理解各种心理、文化和制度现象。现实主义者的“事实中心主义”方法，毋庸置疑受到了经验科学的深刻影响。他们一是主张全面分析司法活动的事实，从而有效地预测个案裁判，为法律咨询者提供更为准确的建议；二是主张深入改革法院的事实认定程序，从而使当事人受到公平对待，保障个案公正；三是主张法官真正重视社会实践的事实，从而理解个案的情境和社会的“真实规则”，务求司法与社会实践相一致。庞德的批评至少有一点是中肯的，即法律现实主义者只是事实的描述者，“忠实地固守法律秩序的现实”，从未看到法律本来就是事实与规范的结合体，更从未对法律应该是什么加以详细阐明。①

庞德的社会法学将法律视为社会控制的工具，不仅包括法律规则、适用法律规则的传统技术要素，还包括有关改造司法传统的理想社会图景以及政治、哲学、道德观念等理想要素，法律现实主义理论却仅仅要求司法裁判反映和保护既有的社会实践。曾担任美国联邦最高法院大法官的现实主义法学家法兰克福特的观点与庞德形成了鲜明对照，在一篇纪念约翰·马歇尔大法官的论文中，他认为哪怕是创造了司法审查机制的马歇尔也从属于一个“司法克制”的传统，反对法院过度介入“难以控制的社会和政治问题”；卢埃林《荆棘丛》的几段文字表述得更为清楚：“法律和法律官员并不因此在任何真正的意义上创制了社会秩序。对于它们来说，社会是既定的，而且，由于社会是既定的，所以秩序是既定的”；“因此，法律……并非创造秩序，而是当它已经从秩序中产生出来之后，维持秩序”②；“在大多数情况下，我们社会的基本秩序，任何社会的基本秩序，都不是法律制造的……法律

① See Pound, *The Call for a Realistic Jurisprudence*, 44 Harv. L. Rev. 697 (1931), p. 697 – 698.

② Llewellyn, *The Bramble Bush: On Our Law and Its Study*, New York: Oceana Publications, 1960, p. 21.

只在边缘产生作用”。[1] 基于对《荆棘丛》上述段落的阅读，以及对穆尔银行法研究的考察，富勒[2]也十分肯定地指出，在法律现实主义者的眼中，不仅法律应该符合“生活方式”，而且这些生活方式为司法裁判提供了实质基础；在法律与社会之间，有些法律哲学家偏向于“法律”一面，另一些偏向于“社会”一面，法律现实主义者无疑属于后者，而且是后者之中的极端者。

然而，直到今天，大多数研究者仍然被现实主义法学家的某些言辞所迷惑，低估了其“事实中心主义”的彻底性。首先，一些现实主义法学家使用了法律效果、法律目的等实用主义法学术语，但他们并不根据一种“社会工程”的理想图景——以最小的成本获取最大的收益，考虑应当达到的法律效果或者应当实现的法律目的本身，而是仅仅试图检验司法裁判是否能够达到预期的效果、实现既定的目标，或者强调法官在判决中不应以形式主义的逻辑论证掩盖对后果和目的的真实考量，误导人们的司法预测。其次，弗兰克所谓“马车时代的法律不适合工业时代”，表面上似乎倡导一种适合于“工业时代”的新型法律秩序，要求对既有的法律体系进行全盘改革，但实际上只是反证法律确定性这一“基本法律神话”的荒谬性，以及主张将个案公正放在优先于

① Llewellyn, *The Bramble Bush: On Our Law and Its Study*, New York: Oceana Publications, 1960, p. 110.

② See Fuller, *American Legal Realism*, 82 U. Pa. L. Rev. 429 (1934). p. 448 –450.

法律稳定的位置，从而让法律被动地追随社会的变化。最后，卢埃林声称法律现实主义并不排斥“应然”，而是仅仅强调“应然”与“实然”的暂时分离，以便获得“更敏锐的目光、更充分的装备、更彻底的判断的组合”。但在描述实然之后，法律现实主义的“应然”理解，亦即“规范层面的纲领”到底是什么？卢埃林很坦白地回答：“没有”。他说法律现实主义者并非不考虑“法律应该是什么”，只是各有各的答案罢了，但这也意味着，作为整体的现实主义法学并未在法律的“应然”层面提出特定的主张。① 奥利芬特曾经辩称“如果法律学生仅仅是观察和记录法律所关注的社会行为的统一性，这并非是表明他在道德感方面有缺陷的证据”②，但这种个人的道德感同样不等于法律现实主义的法律价值论。在法律现实主义者之中，只有菲利克斯·科恩试图对道德理论作出细致的分析，最后他承认结论仍然处于怀疑的“阴影之中”，几乎是彻底失败。③ 莫里斯·科恩曾评价道，法律现实主义“完全抛弃了法律中的规范性视角”，忽视了法律科学与物理科学的根本区别。④

① See Llewellyn, *Some Realism about Realism: Responding to Dean Pound*, 44 Harv. L. Rev. 1222 (1931), p. 1254.

② Oliphant, *Facts, Opinions, and ValueJudgments*, 10 Tex. L. Rev. 127 (1932), p. 137.

③ See Cohen F, *Ethical Systems and Legal Ideals: An Essay on the Foundations of Legal Criticism*, New York: Falcon Press, 1933, p. 227.

④ See Cohen R, *Justice Holmes and the Nature of Law*, 31 Colum. L. Rev. 352 (1931), p. 357.

总而言之，无论是受到何种影响的缘故——道德相对主义的伦理学也好，价值中立主义的经验科学也好，秉持“事实中心主义”的法律现实主义理论确实像它的中文译名那样“现实”，完全没有“新政”的那种“理想”。正如雷丁[①]在一篇自陈心迹的短文中所说，“法律中的现实主义纯粹是实践问题”，法律现实主义即便拥有某种“理想”，也不过是一种关乎司法实践的理想，亦即希望法官意识到他们的裁判涉及不可互换的个人和独一无二的事件；意识到这些个人和事件虽然独一无二，但又大体上由所在的群体和通常的做法决定；意识到他们的裁判可能对本案当事人和其他以之为鉴者造成的影响。

三、“渐进改良主义”与激进社会改革的对立

在法律发展的道路问题上，法律现实主义主张“渐进改良”，这是其与“新政”理念的又一重大区别。“新政”倡导一种激进的法律和社会改革，一方面试图以那些由政府技术专家起草并由立法机关通过的制定法，取代长期掌握在法院手中的判例法，以依据制定法新设的行政规制机构，替代依据判例法裁判的法院解决大量行政纠纷，从而促进法律秩序的迅速发展；另一方面试图借助制定法大规模改造社会关系、重塑社会结构、调整社会秩序、引导社会进步，亦即从外部加速社会本身的变革。与一般的

① See Radin, *Legal Realism*, 31 Colum. L. Rev. 824 (1931), p. 824.

理解不同，法律现实主义理论却并不倾向于这种依赖制定法的激进改革，而是倾向于带有渐进改良色彩的传统判例法，甚至认为只要消除了形式主义法学的负面影响，判例法能够比制定法更加适应社会发展的需要。

如前所述，“新政”时期，阿诺德曾在媒体上激烈抨击美国联邦最高法院否定《铁路工人法》，并在学术论文中为行政规制的必要性辩护。但耐人寻味的是，他并不简单地认为，由政府主导的制定法应当脱离法院主导的普通法自由发展，进而对社会展开大规模改造。恰恰相反，他指责美国联邦最高法院利用普通法的“系争点”理论，拒绝解决超出法院记录“系争点”的问题和回答抽象的制定法合法性问题，回避或者拖延行使其司法审查职责。他强调法院的所作所为造成规则无法及时明确，带来诉讼浪费和其他不必要的重大利益损失，但也没有忽略另一项后果，即法院自外于行政法领域的发展，使之一片混乱。与此同时，他并未将问题归咎于普通法本身，而是仅归咎于司法机构的一种陈腐“观念”，亦即以“决斗式审判”掩盖和回避实质的决断，使普通法原则显得永恒、明智、从不犯错，使法官显得消极、被动、中立、无可置疑；相形之下，制定法则显得朝三暮四、颠三倒四，代表着行政机关以及支持行政机关的立法机构对个人自由的肆意干预。在他看来，只要克服了这种陈腐观念的负面影响，普通法法官不仅完全可以继续甚至加强审查行政规制的合法性，而且完全可以有计划地积极参与到政府规制中去，变得更加务实和有效。更重要的是，阿诺德像庞德①一样，将普通法/制定法的碰撞与英国历史上普通法/衡平法的碰撞相类比，与判例法体系内部的普遍“法律”与个案“正义”的碰撞相类比；但与庞德不同，他不认为制定法和行政规制机构的兴起会助长行政的专横、削弱司法的角色，而是相信普通法法院与各种行政规制机构能够避免这种碰撞，构成一个统一的“司法”体系。换言之，阿诺德之所以支持制定法，是因为他将制定法视为技术专家更积极主动地进行事实调查的产物，能够更迅速、合理地解决纠纷的裁判依据，而不是开展大规模社会改造的工具。他在另一篇论文中对法国行政法院的理解，可以为这个判断添加注脚：在法国，人们认为立法机关制定的“行政法”保障了自由，那是因为法国的行政法院是“真正的法院”②。

弗兰克对“遵循先例”的讨论也暗示了对判例法的偏好。他区分“遵循先例的学说”和“遵循先例的实践”，认为前者高估规则稳定性的价值，仿佛法院愿意为此牺牲个案正义，并维持那些过时的先例；而后者实际上相当富于灵活性，通过“案件区别”的裁判技术，通过“旧瓶装新酒”的语言技巧，通过对先例中“判决理由”和“附带意见”各是什么的自由决定，法官完全可以创造符合个案需要的新规则。在他看来，需要加以重述不是

① Pound, *Executive Justice*, 55 Am. L. Reg. 137 (1907), p. 140 – 145.

② Arnold, *The Role of Substantive Law and Procedure in the Legal Process*, 45 Harv. L. Rev. 617 (1932), p. 630 – 631.

“判例实践”，而只是“判例理论”，因为这种理论源自“祖先崇拜”，倾向于对变化和新生事物加以抵制，容易对实践产生误导；“子孙崇拜”的观念也经常导致法官“眼睛死死盯着这些法律规则……对将来案件可能产生的影响”，机械使用遵循先例原则。两种观念的共同错误，都在于“在当下的具体案件中，对活生生的当事人的利益关注不够”，这不符合“判例实践”[①]。只有当下实事求是地进行个案裁判，才是法官力所能及的真正职责——“他更为卑微但却更为重要和紧迫的任务，是去裁决具体的、实际的、当下的案件”[②]。弗兰克对于普遍的规则不感兴趣，对于普遍规则所代表的抽象正义不感兴趣，对于普遍规则之于行为的引导和规范作用不感兴趣，而是强调注重个案正义的判例法实践传统的重要性；在他看来，普遍的规则本身不是目的，必须根据个案事实的特殊性加以认知和调适。

奥利芬特则热烈颂扬判例法遵循先例原则的“力量和安全性”，认为遵循先例原则拒绝陷入宽泛的构思，能够对当下问题保持耐心，从而找到明智的解决办法；[③] 与此同时，遵循先例原则一步一个脚印地朝向未来，虽然前进的步伐很小，但永无止境，可以根据经验的指示不断修正。在他看来，造成“普通法危

---

① ［美］杰罗姆·弗兰克：《初审法院——美国司法中的神话与现实》，赵承寿译，中国政法大学出版社2007年版，第301～307页。

② ［美］杰罗姆·弗兰克：《初审法院——美国司法中的神话与现实》，赵承寿译，中国政法大学出版社2007年版，第315页。

③ See Oliphant, *A Return to Stare Decisis*, 14 A. B. A. J. 71 (1928).

机”的原因不在于判例法本身和遵循先例的传统，而是由于法官和法学家在令状制度废除后，恣意地依据自己的概念分类，从先例中抽象法律原则所致。令状和诉讼程式是对长期存在的具体事实情境的经验归纳，抽象的原则却缺乏这种客观、坚实的基础。面对特定先例，从哪个法律范畴的角度进行抽象，抽象到何种程度，没有一定之规；先例之间哪些共同特征应当考虑，哪些不应考虑，也没有当然之理；事实与规则联结过程中的随意性，产生了判例法理解的差异和司法适用的混乱。但美国实务界和理论界没有正视这个问题，法官们仍然自诩“依法裁判”，用形式主义的判决意见粉饰法律的确定性和统一性；学者们继续闭门造车，构建内在一致的法律科学体系，无视现实案件的复杂性；美国法学会的“普通法重述”工作以法官的“辞令”和学者的臆想为主要材料，同样不关心现实案件的多样性和社会生活的复杂性。这样一来，“遵循先例”（stare decisis）就越来越沦为“遵循言辞”（stare dictis），判例法的司法困境也日益加剧。因此，解决这一困境的唯一方案，只能是“重回遵循先例”。

卢埃林①对成文法与判例法的比较更明确地显示出，法律现实主义者“对盎格鲁-撒克逊的判例法体系是完全满意的”②。第一，判例法一般是法官在司法过程中形成的规则，坚实地扎根

① See Llewellyn, *The Bramble Bush*: *On Our Law and Its Study*, New York: Oceana Publications, 1960, p. 78 - 81.

② Fuller, *American Legal Realism*, 82 U. Pa. L. Rev. 429 (1934). p. 448.

于过去的真实个案；成文法则是立法者依据对未来的设想创制的规则，容易缺乏现实的根基。第二，在新型案件中，法官实际上也创制或者调整规则，但这种创新是非常审慎的，应当尽可能与旧的规则保持一致，因为一个新的判决可能溯及既往地改变判例法，使以往的判决成为错误；成文法则仅面向未来，规制其生效后的法律行为，并不使失效的法律溯及既往地成为错误，因此无须瞻前顾后——“与法院相比，立法机构是一匹脱缰的野马”。第三，判例法的规则是基于个案确立的，小心翼翼地被扩展到类似的个案；成文法则对抽象的纠纷类型作出规定，可能抹杀具体纠纷的特殊性，不利于实现个案公正。第四，判例法是司法性的，更符合法律自身的形成和发展规律；成文法则是政治性的，对各种冲突的利益进行大规模的人为调整。第五，尽管一个法院确立的判例法规则只对本法院及其下级法院有拘束力，但也可能因其明智而对其他法院的判决产生说服力，而在超越立法机构权力范围的地方，成文法既无约束力又无说服力，表明其依赖于外部强制力而非内在的合理性。第六，成文法与判例法都存在模糊之处、需要解释之处，但成文法的措辞是明确而固定的，很难像判例法那样灵活变通，适应社会发展。第七也是最重要的，判例体系并非由单纯的概念、规则构成，由法学教授在书斋里构建，而是从实际的诉讼中发展出来；哪里的社会实践需要新的法律，个人利益就会通过诉讼推动法院解释和发展法律，因此，对不断发展的政治、经济、文化条件更为敏感。与判例法比成文法更容易因循守旧的一般看法不同，卢埃林认为判例法“在当事人的个别利益和对新法的社会需要之间，存在一种自动调合”。

除了阐述法律现实主义理论之外，卢埃林一生最大的贡献，是主持起草《统一商法典》。然而，许多研究者都已正确地看到，这部《统一商法典》尽管借鉴了大陆法典的体例，呈现一定的全面性、明确性和体系性，但从根本上讲是一部美式的“判例法法典”。① 一是强调灵活性，反对过度严格的规则，为此规定了善意、合理性、显失公平、协议变更法典规定、承认交易惯例和习惯等弹性条款，并经常以“标准”替代僵硬的“规则”，从而让法官可以依据商业实践的发展而不断调整法律；二是强调开放性，不试图成为唯一的法源，为此明确指出《统一商法典》的漏洞应以法律原则和衡平原则补充，实际上“假定存在一个前法典和非法典化的庞大的法律体系”②；三是强调情境性，反对背离商业实践的单纯规范性要求，为此倡导法官探寻商业实践中的“固有法”或曰“真实规则”——交易惯例，以作为裁判依据；四是强调目的解释，反对文义解释，为此在每个条文后增加了独具特色的“正式评论”，以便法官根据规范目的，决定是否应当适

① See Whiteman, *Commercial Law and the American Volk: A Note on Llewellyn's Sources for the Uniform Commercial Code*, 97 Yale L. J. 156 (1987).

② 孙新强：《法典的理性——美国〈统一商法典〉法理思想研究》，山东人民出版社2006年版，第213页。

用。[①] 正如吉尔莫所说，卢埃林“坚持他自己称作判例法法典的概念……主要功能是废除过时的原则……使法院自由地临时准备一些新的原则以适应不断变化的环境和新的商务实践”。[②] 在吉尔莫看来，“卡尔非系统化的、特殊化的个性和他的案例法取向，赋予了他制定的法规，尤其是《统一商法典》以明显的原创性。[③] 松散的开放的风格，偏好事实问题（合理性、诚信、交易习惯）而非法律规则。他的心中有一种清晰的案例法法典的理念，这种理念为新的开始提供引导，调节自身以适应环境，放任法律的新发展”。换言之，卢埃林不过是以法典的形式，解放了被形式主义束缚的判例法，使之得以在从个案到个案的司法裁判过程中健康发展。

在全球“社会法”改革浪潮风起云涌的时代，美国法律现实主义却展现出保守的一面，这首先是其学理逻辑的必然结果。对于法律现实主义者来说，抽象概念的不确定性及其脱离现实的“应然”指向，要求把视线从“纸上规则”转向官员行为和社会行为，对事实复杂性的认识又滋生起司法、立法的情境主义，最终导致了法律发展的渐进改良主义。其次，20 世纪的美国毕竟是

① See Kamp, *Between-the-Wars Social Thought*: *Karl Llewellyn*, *Legal Realism*, *and the Uniform Commercial Code in Context*, 59 Alb. L. Rev. 325 (1995).

② ［美］格兰特·吉尔莫：《美国法的时代》，董春华译，法律出版社 2009 年版，第 135 页。

③ See Gilmore, *Legal Realism*: *Its Cause and Cure*, 70 Yale. L. J. 1037 (1961), p. 814.

一个判例法已经运转了两百多年的地方，尽管这个系统在现代化进程中陷入了深刻危机，但知识阶层并没有试图抛弃传统，而是不断通过法律思想、法律重述、司法改革加以调整。最后，“一战”之后的美国蒸蒸日上，欧洲大陆却江河日下，这一事实无疑对美国人的心理产生了最重要的影响，使他们对自身传统产生了一种新的自豪感，并开始反思 19 世纪下半叶以来对待自身传统的态度。精通欧陆法学理论、在当时美国法学界如日中天的庞德，却输掉了与年轻的卢埃林的论战，[①] 也许不是因为现实主义者更为激进地解构了抽象法律规则，恰是因为他们更切合判例法体系固有的渐进改良主义传统。

① See Yntema, *American Legal Realism in Retrospect*, 14 Vand. L. Rev. 317 (1960).

第六章　重新理解法律现实主义

——“国家崛起”叙事

综上所述，法律现实主义固然颠覆了法律形式主义，但也延续了解决美国“普通法危机”的努力；固然客观上有助于清算司法保守主义，但主观上致力于回归普通法的司法传统；固然为罗斯福“新政”作出了重要贡献，但其毫无规范色彩的“事实中心主义”，以及对判例法“渐进改良主义”的推崇，都与富于理想化和相对激进的“新政”格格不入。与“反传统”的通常理解不同，法律现实主义呈现出一种对于本国法律传统和法律文化的保守态度。这种保守态度之所以长期没有得到揭示，可能是由于现实主义法学家颇具标志性的怀疑姿态和批判风格，这使研究者容易被其“叛逆”表象所迷惑，忽视进一步探究“叛逆”表象的深层原因：美国国家正在崛起，欧洲列强正在衰落，美国的法律研究、法律实践、法律教育却仍然迷信欧洲，没有能力诉诸法律传统，探索一条适合自己的法律和法学发展道路。从这个意义上讲，一种全新的“国家崛起”叙事，可能是对美国法律现实主义更加恰当的解读。

一、法律现实主义与美国国家崛起

“南北战争”之后，受益于联邦的巩固、州际贸易的扩大、第二次工业革命的展开、西进运动的发展，以及移民和廉价劳动力的大量涌入，美国经济迅速腾飞。到1894年，美国的工业产值已经超过英国和欧洲列强，成为世界第一。但直到20世纪初，美国知识阶层对于欧洲的文化仍然抱有一种仰慕：从铁路、石油、煤矿的垄断经营中暴富的“上流社会”热衷于修建欧洲风格的别墅和城堡，举办豪华的社交晚会，追求王公贵族的生活方式；富家千金与欧洲贵族联姻成为时髦，并引发了一轮跨国婚姻大潮；不少富有的美国人都认为，最好的艺术和文化无疑来自欧洲。① 法律知识阶层也长期以研究欧陆的学问为荣：兰德尔的形式主义法学源于英国实证主义法学和欧陆理性主义思潮，甚至可能受到19世纪法国注释法学派和德国潘德克顿法学派的影响；萨维尼、梅因的历史法学则通过库利、梯德曼、哈蒙德等学者在19世纪80年代传入美国；② 斯宾塞的社会达尔文主义更是深受美国法学界的追捧，造成了一股反对干预经济交往的“法律达尔文

① 参见［美］弗雷德里克·L. 艾伦：《美国的崛起——沸腾50年》，高国伟译，京华出版社2011年版，第26～40页。

② See Tamanaha, *Understanding Legal Realism*, 87 Tex. L. Rev. 731 (2008), p. 748 – 755.

主义”潮流；[①] 格雷、庞德等学者也都有深厚的德国和法国学养，耶林的“利益法学”、艾利希的“活法”论、康特洛维茨的“自由法”说、惹尼的“科学法学”经他们之手在“一战”前传入美国。[②]

然而，随着“一战”的爆发，由于种种原因，对欧洲的崇拜迅速在美国社会消失了。首先，作为文明典范的西欧国家竟然在两次工业革命之后再度陷入极度野蛮的相互杀戮，这令美国人极度失望。其次，对德宣战后，美国国内展开了大规模的“反德”宣传，从公共图书馆中清除德语书籍，禁止德语教学，借助《惩治煽动叛乱法案》严厉打压任何同情德国的言论和行为，逐渐营造了一种普遍的“仇德”社会氛围，许多美国人甚至主张绞死好战的德皇威廉二世。再次，战争使欧洲列强的工业水平倒退了十年，德国割地赔款、元气大伤；法国尽管得到了阿尔萨斯、洛林和德国的一些海外殖民地，但由于巨额经济损失而沦为债务国；英国也在经济上遭受了重挫……西欧已不再是值得羡慕的繁荣之地。最后，赢得战争的协约国集团在“巴黎和会”上仍然暴露出尔虞我诈的嘴脸，不是像威尔逊美国一样期盼着和平，而是贪得无厌地希望瓜分战败国的领土、殖民地和矿产，这更让美国人感

① 参见［美］伯纳德·施瓦茨：《美国法律史》，王军等译，中国政法大学出版社 1990 年版，第 124～129 页。

② See Herget & Wallace, *The German Free Movement as the Source of American Legal Realism*, 73 Virginia Law Review, 399 (1987).

觉欧洲的无可救药。在这种形势下，威尔逊总统建立“国际联盟”、谋求“战后国际新秩序”的美好愿望被参议院的投票击得粉碎；普通美国人厌倦了他的理想主义和救世情结，只想远离麻烦不断的欧洲，过“正常”的生活；在1920年的总统大选中，平凡无奇的哈定取代了带领美国赢得“一战”、满腹经纶的威尔逊，他的就职演说和他的竞选演说一样迎合了美国人的心理：“我们压根就不谋求左右旧世界的命运。我们无意牵扯其中。”①

更重要的是，相对于欧洲的衰落，美国迅速全面崛起，并且越来越带给美国人民以自豪感。从政治层面来讲，美国人尽管对威尔逊的救世情怀不感兴趣，但美国毕竟第一次展现出了决定欧洲列强乃至世界命运的力量，并且在一定程度上主导了“巴黎和会”，这使美国的国际地位迅速上升；1922年的华盛顿会议上，美国甚至迫使英、法、意、日共同签署了《五国关于限制海军军备条约》，使英国正式承认了美英海军力量的对等原则，终结了英国的海上霸权；借助“金元外交”，美国还进一步介入欧洲的国际秩序，“扶德抑法”、重造“欧洲均势”；所有这一切，都使美国人产生了极度高涨的“爱国主义”。从经济层面来讲，美国在战争初期并未参战，而是通过军工销售大发横财，通过向英法的战争贷款从债务国变为债权国；“一战”后美国的黄金储备达

---

① 程文进：《一战后美国的欧洲战略和20世纪20年代的美国对德政策》，载《济南大学学报（社会科学版）》2003年第4期。

到了全球黄金储备的一半，纽约逐渐替代伦敦成为世界金融中心；战争还带来了技术的突破，促进了汽车、电气、钢铁工业的大发展；欧洲各国忙于恢复和重建，并且高度依赖美国的扶持，不得不将广阔的海外市场拱手相让；所有这一切，在哈定总统的“休养生息”阶段之后，造就了美国从 1923 年到 1929 年的“柯立芝繁荣”，美国股市的年均收益率更是接近 20%。从社会层面来讲，股市的节节攀升使人们有了更多的金钱，消费能力大大提升，生活条件大幅改善；以福特为代表的企业家通过技术改进和批量生产降低了成本，并缩短工人工时、提高工人工资，劳资之间的紧张关系有所缓和；在分期付款模式的帮助下，汽车迅速在美国普及，相应地，公路、停车场迅速发展，汽车旅馆、连锁商店在地价更低的郊区迅速出现，人们出行和购物更加便利；汽车工业向农村的扩张，特别是拖拉机的广泛采用，促进了农业的机械化，农民也逐渐可以享受闲暇，并逐渐与城市人共享流行文化；无线电技术的进步带来了收音机的普及，广播节目层出不穷，“爵士”乐北上并风行全国，不再关心政治的人们有了更多的娱乐；所有这一切，都使普通人的幸福感不断上升，也越发强化了一种美国特有的信念，即“美利坚是上帝眷顾的土地，独享繁荣与和平”。

恰在这一时期（从 1914 年“一战”爆发到 1929 年“柯立芝”繁荣结束），涌现了大量公认的现实主义法学作品。柯宾发表了《要约与承诺以及伴生的一些法律关系》[①]《契约法的条件》[②]《法律关系及其分类》,[③] 主张考察契约法背后“纯粹的物质性生活事实”；库克发表了《冲突法的逻辑和法律基础》[④]《科学方法与法律》,[⑤] 强调运用“观察—假设—归纳—实验的方法”，通过对法院实际裁判的观察获得冲突法的一般规则；穆尔发表了《法律制度的理性基础》[⑥]《商业银行法的制度路径》，指出“法律制度”就是特定人群相对稳定的惯常行为，并将制度路径用于说明银行法相关司法裁判的可预测性；[⑦] 雷丁发表了《司法裁判理论：或法官如何思考》，认为法官根据个案所属的类型情境裁判个案，并时常诉诸裁判目的的考量；[⑧] 法兰克福特发表了《行政法的任务》,[⑨] 主张同情地理解行政法这个新兴的“行动中的法”领域的运作现实，不要轻易诉诸司法审查，以“书本

① See Corbin, *Offer and Acceptance, and Some of the Resulting Legal Relations*, 26 Yale L. J. 206 (1917).

② See Corbin, *Conditions in the Law of Contract*, 28 Yale L. J. 739 (1918).

③ See Corbin, *Jural Relations and Their Classification*, 30 Yale L. J. 226 (1920).

④ See Cook, *The Logic and Legal Bases of the Conflict of Laws*, 33 Yale L. J. 457 (1924).

⑤ See Cook, *Scientific Method and the Law*, 13 A. B. A. J. 303 (1927).

⑥ See Moore, *The Rational Basis of Legal Institutions*, 23 Colum. L. Rev. 609 (1923).

⑦ See Moore & Hope, *An Institutional Approach to the Law of Commercial Banking*, 38 Yale L. J. 703 (1928).

⑧ See Radin, *The Theory of Judicial Decision: Or How Judge Think*, 11 A. B. A. J. 357 (1925).

⑨ See Frankfurter, *The Task of Administrative Law*, 75 U. Pa. L. Rev. 614 (1926).

上的法”否定其“自由裁量”的合理性；云特马发表了《入门书方法与冲突法》，认为规则只是空洞的记忆和思维工具，只有运用科学组织的材料，调查法官在具体个案中的目的和偏见，并客观评估其实践后果，才能合理预测个案裁判；[①] 哈奇森发表了《裁判直觉：“预感”在司法判决中的功能》，[②] 从经验角度表明法官的直觉和预感在司法判决过程中起到了关键作用，规则和逻辑仅用于判决的事后合理化；奥里芬特发表了《重回遵循先例》，宣称当前司法混乱的主要原因，在于抛弃了“遵循先例”的经验传统，使之变为“遵循言辞”。[③] 法律现实主义运动的领袖卢埃林则在1915年进入耶鲁大学法学院学习，师从科宾和库克，尤其与科宾情同父子；1924年到哥伦比亚大学法学院工作后，又与穆尔、奥利芬特、云特马、道格拉斯等学者成为同事，尤其从前二者处受益良多；在这些现实主义法学家的影响下，他于1930年发表了法律现实主义运动的宣言《现实主义法学——下一步》，点燃了与庞德社会法学的论战之火，但在1929年12月美国政治学会举办的“当代政治和法律思想趋势圆桌会议”上，此文的主体部分已经以《现代法律概念》为名宣读，而开始写作的时间据说

① See Yntema, *The Hornbook Method and the Conflict of Laws*, 37 Yale L. J. 468 (1928).

② See Hutcheson, *The Judgment Intuitive: The Function of the "Hunch" in Judicial Decisions*, 14 Cornell L. Q. 274 (1928).

③ See Oliphant, *A Return to Stare Decisis*, 14 A. B. A. J. 71 (1928).

还可以往前回溯五年;[①] 奠定卢埃林学术地位的专著《荆棘丛》以及反兰德尔模式的教材《买卖法案例与材料》也都在1930年出版，但前者实际上源于他为1929年入学的一年级法学院学生制作的教案，后者是1920年代中期哥伦比亚大学法学院教学改革的产物。[②] 总而言之，在一个美国开始全方面超越欧洲、迅速崛起的时期，法律现实主义思想逐渐酝酿并初步成型。

二、重新理解法律现实主义

国家的崛起给法律现实主义打上了诸多烙印。一个最直观的印象是，较之前辈法学家，现实主义法学家不再将欧洲的学问奉为圭臬。康特洛维茨以一种遗憾的口吻谈到，美国的法律现实主义并未真正重视和理解欧洲"自由法运动"和"社会学运动"，只是这两场运动"夸大其词"的对应物；在他看来，耶林、惹尼、埃利希、富克斯、柯勒、迈耶、拉德布鲁赫、施泰因伯格、齐特尔曼等"自由法学派"在美国"没有拥护者"，埃利希、黑克、黑德曼、努斯鲍姆和马克斯·韦伯等发起的欧洲"社会学运动"，在美国是由布兰代斯、卡多佐先生和庞德而非更年轻的法律现实主义者领衔；鉴于此，他大声疾呼美国的现实主义法学家与德国的法学家加强合作、取长补短。富勒更明确地指出，"美

① 参见付池斌:《卢埃林：书本法不同于现实法》，黑龙江大学出版社2010年版，第84页。

② See Twining, *Two Works of Karl Llewellyn*, 30 Mod. L. Rev. 514 (1967).

国的法律现实主义者对于欧洲的法律沉思几乎不感兴趣。在这个国家，欧洲的现实主义者和准现实主义者——耶林、惹尼、迪骥、艾利希、沃泽尔、波茨、施泰因伯格、康特洛维茨和拉德布鲁赫等——大都不受重视”。[①] 赫基特和华莱士也发现，较之格雷、庞德、卡多佐等人，现实主义法学家的著作几乎不引用德国法学家的学说。[②]

对于这一被共同承认的现象，上述研究者各有解释。有的认为现实主义者德语能力的不足，但这显然不适用于曾经在德国求学三年，并两次赴德讲座的卢埃林；有的认为德国思想已由前辈学者传入，但这显然无法解释卢埃林、弗兰克等现实主义者对庞德的批评。真正值得重视的因素，是“一战”后“反德”情绪的影响，以及对“判例法”的偏好。但几乎没有迹象表明，现实主义法学家由于受到“反德”情绪的社会压力，在继续效仿欧洲思想的同时竭力加以掩饰；他们也并非出于实用主义的倾向，对判例法具有先天的偏好。毋宁说，他们与当时的普通美国人一样目睹了欧洲的衰落、感受到了美国的崛起，从而开始反思借助欧洲思想资源解决美国特殊法律问题的既有模式，更加自信地从美国的普通法实践传统中寻找方案，最终形成了美国“本土法学”的第一波。从这个角度出发，才能看到美国法律现实主义学派立足

① Fuller, *American Legal Realism*, 82 U. Pa. L. Rev. 429 (1934). p. 438.

② See Herget & Wallace, *The German Free Movement as the Source of American Legal Realism*, 73 Virginia Law Review, 399 (1987), p. 432.

本国实际，形成了一系列独特的认识：

第一，美国法律发展中的关键问题，仍然在于由法律不统一导致的普通法危机。“南北战争”以降的形式主义法学发现并试图处理这个问题，随后兴起的历史法学、实证主义法学以及“进步主义时代”的实用主义法学却忽略了这个问题，以至于直到1920年代，危机仍然没有得到合理的解决。对于美国来说，由此可能造成的后果，远较法律无法维护人们的传统，或者不能加以精确地分析，或者难以满足社会进步的需要严重，意味着普通法作为韦伯意义上的“非理性”法，普通法司法作为韦伯意义上的“卡里斯玛式”裁判，将越来越无法稳定陌生人之间的行为预期，越来越不适合日益陌生化的现代社会本身。① 重新聚焦这一关键问题，是法律现实主义取得成功的根本原因。

第二，源自欧洲的法学思想，无助于解决美国特有的普通法危机。自民族国家时代以来，无论是欧洲大陆的成文法国家，还是国土面积较小、司法体制单一、先例数量较少的英国本土，都不存在严重的法律不统一问题；无论是借鉴英国的法律实证主义，还是欧陆的概念法学、利益法学、社会学法学，都无法解决这一美国特有的固疾。形式主义法学家试图将普通法改造成形式理性的规则体系，先是阐述各种体系化的“法律科学”，后又主导美国法学会的“法律重述”，但机械司法造成的法律混乱却日

① 参见［德］马克斯·韦伯：《法律社会学》，康乐、简惠美译，广西师范大学出版社2005年版，第332～336页。

益加剧。反形式主义的各种舶来品，无论是历史主义法学、实证主义法学、进步主义和实用主义法学，由于错失了法律不统一问题，也无力从根本上取代形式主义法学，纠正其之于法律发展的不良影响。

第三，解决普通法危机，必须破除欧洲法学带来的“概念”和“规则”迷信。较之欧陆的法官，美国法官不是依靠演绎逻辑适用抽象成文法的机器；较之拥有议会至上传统并且严格遵循先例的英国法官，美国法官也拥有更大的制衡立法机构、自由裁量个案以及创制、发展法律的权力——“英国人对待法律的方式更为形式化，而美国人的方式更为实质化”①。在此背景下，现实主义法学家清醒地看到，概念和规则不等于法律，而是法律的简化记忆机制；法官解释和适用先例的灵活技术，决定了概念和规则不具有独一无二的含义。因此，从概念和规则出发寻求法律的确定性和统一性，无异于缘木求鱼；建立在概念和规则基础上的法律科学，不仅造就了罔顾现实的僵化司法，而且掩盖了司法裁判的任意性，除了为法院披上神学家那样欺世盗名的外衣，没有任何益处。

第四，应对普通法危机，最终应当回归美国的普通法司法传统。“遵循先例”原则本身是合理的，普通法危机的根源在于“遵循言辞”替代了遵循先例；司法“程式化风格”固守“纸上

---

① ［美］P. S. 阿蒂亚、R. S. 萨默斯：《英美法中的形式与实质——法律推理、法律理论和法律制度的比较研究》，金敏等译，中国政法大学出版社2005年版，第28页。

规则”，加剧了上诉裁判的不可预测性，“黄金时代”的司法“宏大风格”则注重个案类型情境、秉持情境理性、适用“真实规则”，具有相当程度的可预测性。又或者普通法危机根本不存在，需要破除的只是法律确定性这一“基本法律神话”，需要摆脱的只是对“无所不能的父亲”的心理依赖，需要成长的只是人们的“现代心智”；普通法传统的精髓之处，在于追求个案的公正处理而不是抽象的法律的统一性。不论普通法危机存在于客观的社会层面还是主观的心理层面，回归美国自身的普通法司法传统，是应对危机的唯一选择。

第五，较之成文法（或者欧陆的法典法），普通法（或者包括衡平法在内的判例法）不仅并不落后，甚至更适合社会发展的需要。只要解决了普通法的统一性问题，普通法就能展现出比成文法更大的优势：普通法根植于现实的纠纷，更能敏锐感受社会利益的冲突和社会成员的诉求；普通法具有司法属性而非政治属性，更能防止立法者的恣意；普通法承载着一代又一代先贤的智慧，渐进改良的法律发展方式不易造成社会的动荡；普通法拥有更为灵活的诸多解释、适用技术，不易为僵化的抽象规则所束缚；普通法能够在容纳成文法的同时，保障法律与社会发展的长远利益。这一点，无疑已经被欧洲大陆的失败和美国的成功所证实。

第六，普通法之于成文法的优势得以实际发挥的前提，在于彻底解除形式主义法学的藩篱，以现实主义法学作为指导，亦即搁置“应然”的预设，对抽象规则和概念的含义作情境化的解释；承认规则以外的因素对司法裁判的影响，对法院裁判的事实和社会实践的事实展开经验的调查；对个案所处的社会情境和类型情境中的自然理性加以客观的理解；公开阐释裁判的目的并对裁判的后果进行科学的评估；对阻碍法庭事实认定的司法程序以及法院借以回避审查行政立法的司法程序予以全面的改革；依据具体的情境制作细化的概念工具，并依据功能而非逻辑进行概念分类，以服务于面向现实的司法推理。唯有如此，才能在变化了的社会条件下继续发扬普通法传统。相应地，法学教育的目标不在于培养精通法律原则和演绎逻辑的理论家，而在于培养真正理解法律运作及其社会背景的实务工作者；法科学生不仅应当懂得各种判决意见，还应懂得背后真实的司法实践、商业实践和其他社会实践本身。

三、法律现实主义再评价（代结论）

基于“反传统”叙事，主流观点认为法律现实主义的主要贡献，在于揭示法律的不确定性、形式理性法律体系的局限性、演绎逻辑在司法裁判中的次要地位，倡导面向行为而非规范的法学研究、结合法律与其他社会科学的法学教育、诉诸目的考量的法律与社会改革；而其偏颇之处，则在于过度强调了上述每一个方面，最终可能形成一种对于法律自治或曰“法治”理念的怀疑主义。此处不再具体分析这些评价，重要的是脱离法律现实主义发生发展的独特“美国背景”，在一般层次上谈论其价值与局限，难有中肯之见。相反，基于“国家崛起”叙事重新评价法律现实主义，则可以清晰地看到法律现实主义对于美国特有的法律思想、司法实践、法学教育的塑造作用，以及由此带来的美国法的扩张能力。

首先，法律现实主义使美国法学得以立足本国的经验主义传统，抗衡理性主义色彩浓厚的各种欧洲法学思潮，逐渐形成鲜明的美国特色。法律现实主义运动以后的美国法学思潮，从法律与发展运动、经济分析法学、批判法学、女权主义法学、种族批判法学直到晚近的“新公法”运动，都不再致力于法律体系的理性建构和法律原则的抽象论证，而是注重发掘法律背后的社会现实，考察法律运行的社会后果，并不断以经验和现实检验理论的合理性。[①] 一旦一种法学思想不符合新的社会经验，不足以解释新的社会现实，就立即为另一种法学思想所代替，这种务实的精神催生了当代美国法学的繁荣。

其次，法律现实主义维护了美国的司法至上传统，使美国司法得以抵御 19 世纪以降逐渐蔓延向全球的“法典化”浪潮，保持其判例法国家的底色。制定法超越判例法成为首要法源是社会复杂化的必然结果，罗斯福“新政”之后，美国无可避免地迎来了制定法时代，但美国司法始终能够立足于变化的社会情境，更

① 参见陆宇峰：《美国的法律现实主义：内容、兴衰及其影响》，载《清华法学》2010 年第 6 期。

为灵活地解释、适用乃至推翻制定法，避免僵化的制定法带来不良的社会后果；即便是作为美式法典典范的《统一商法典》，也远未成为大陆法系意义上面向所有人、具有严格拘束力的“法典”，而是满足于面向法官、充当凝聚着判例法智慧的司法裁判指南，并且仅仅出于其内在合理性而被各州议会接受。[①] 更重要的是，自“新政”以后，在言论自由、种族隔离、黑人公民权、选举权、隐私权等重大政治和社会问题上，不是议会的制定法和美国法学会组织重述或者编纂的法典，而是法院的司法判决决定性地推动了美国的进步。

再次，现实主义法学家积极倡导法律实践技艺的培养，推动美国法学院重新吸纳传统学徒式教育的合理因素，逐渐发展为当时全球顶尖法律实务人才的摇篮。在现实主义的影响下，传统学徒式教育与现代学院式教育实现了结合，一度被学院派占据的大学讲台向资深的律师和法官开放，美国独特的“诊所式法律教育”应运而生；[②] 僵化的判例教学法也得到改造，不仅拆除了法律部门之间的人为藩篱，而且引入了各种社会科学知识，帮助学生理解法律原则背后的社会现实，学习像优秀的律师和法官那样

---

① 参见封丽霞：《法典编纂论——一个比较法的视角》，清华大学出版社 2002 年版，第 133～134 页。

② 参见［美］杰罗姆·弗兰克：《如何打造优秀的法学教育》，王晨光译，载《法学杂志》2012 年第 5 期。

思考法律问题。[①]

最后，通过为法律思想、司法实践和法律教育注入符合美国自身传统的独特理念，法律现实主义推动美国法走上了自主发展的道路，奠定了美国由法律输入国转变为法律输出国的基础。“二战”以后，借助法律与发展运动，美国法取代大陆法在拉丁美洲的地位；在跨国商事领域，美国律师“通过为跨国公司起草合同，将美国法注入新商人法之中；通过打入国际仲裁机构，把国际商事仲裁变成了美式诉讼”；美国法甚至“反攻欧洲法”，对欧洲的宪法、市场管理法、侵权法、商事法、证券法、诉讼法和法律教育产生了全方位的影响。[②] 从根本上讲，这一“美国法外溢”进程主要是美国世界经济地位和政治地位的产物，但如果不是法律现实主义有效抵御了欧洲法律文化对美国法律传统的侵蚀，那么“美国法”很可能已经不复存在，更谈不上“外溢”了；美国即便后来仍然可能成为经济、政治、军事、科技层面的头号世界强国，但欧洲主导的全球法律秩序将始终对其霸主地位的维持构成巨大挑战，甚至使其成为欧洲的傀儡。

① 参见张红：《学徒制 VS 学院制——诊所法律教育的产生及其背后》，载《中外法学》2007 年第 4 期。

② 参见高鸿钧：《美国法全球化：典型例证与法理反思》，载《中国法学》2011 年第 1 期。

参 考 文 献

中文著作

[美] P. S. 阿蒂亚、[美] R. S. 萨默斯：《英美法中的形式与实质——法律推理、法律理论和法律制度的比较研究》，金敏等译，中国政法大学出版社 2005 年版。

[美] 布鲁斯·阿克曼：《我们人民：奠基》，汪庆华译，中国政法大学出版社 2013 年版。

[美] 弗雷德里克·L. 艾伦：《崛起的阵痛——危机岁月》，高国伟译，京华出版社 2011 年版。

[美] 弗雷德里克·L. 艾伦：《美国的崛起——沸腾 50 年》，高国伟译，京华出版社 2011 年版。

[美] 布赖恩·比克斯：《法理学：理论与语境》，邱昭继译，法律出版社 2007 年版。

[美] 小卢卡斯·A. 鲍威：《沃伦法院与美国政治》，欧树军译，中国政法大学出版社 2005 年版。

［美］德沃金：《法律帝国》，李常青译，中国大百科全书出版社 1996 年版。

付池斌：《现实主义法学》，法律出版社 2005 年版。

付池斌：《卢埃林：书本法不同于现实法》，黑龙江大学出版社 2010 年版。

［美］斯蒂芬·M. 菲尔德曼：《从前现代主义到后现代主义的美国法律思想》，李国庆译，中国政法大学出版社 2005 年版。

［美］杰罗姆·弗兰克：《初审法院——美国司法中的神话与现实》，赵承寿译，中国政法大学出版社 2007 年版。

封丽霞：《法典编纂论——一个比较法的视角》，清华大学出版社 2002 年版。

［美］詹姆斯·麦格雷戈·伯恩斯：《罗斯福：狮子与狐狸》，孙天义等译，国际文化出版公司 2011 年版。

［德］哈贝马斯：《在事实与规范之间》（第 2 版），童世骏译，生活·读书·新知三联书店 2011 年版。

冯玉军选编：《美国法律思想经典》，法律出版社 2008 年版。

［美］霍姆斯：《普通法》，冉昊、姚中秋译，中国政法大学出版社 2006 年版。

［美］霍姆斯：《霍姆斯读本：论文与公共演讲选集》，刘思达译，上海三联书店 2009 年版。

［英］哈特：《法律的概念》，张文显等译，中国大百科全书出版社 1996 年版。

［美］莫顿·J. 霍维茨：《美国法的变迁：1780—1860》，谢鸿飞译，中国政法大学出版社2004年版。

［美］格兰特·吉尔莫：《美国法的时代》，董春华译，法律出版社2009年版。

［美］本杰明·卡多佐：《司法过程的性质》，苏力译，商务印书馆1997年版。

［美］本杰明·卡多佐：《法律的成长：法律科学的悖论》，董炯、彭冰译，中国法制出版社2002年版。

［美］费利克斯·柯恩：《荒唐的先验与功能主义进路》，周望译，载冯玉军选编：《美国法律思想经典》，法律出版社2008年版。

［美］卡尔·卢埃林：《普通法传统》，陈绪刚、史大晓、仝宗锦译，中国政法大学出版社2002年版。

［美］富兰克林·罗斯福：《罗斯福炉边谈话》，张爱民等译，中国社会科学出版社2007年版。

高鸿钧等：《英美法原论》（下），北京大学出版社2013年版，第1263～1292页。

［美］罗伯特·麦克洛斯基：《美国最高法院》（第3版），任东来等译，中国政法大学出版社2005年版。

［美］罗斯科·庞德：《法律与道德》，陈林林译，中国政法大学出版社2003年版。

［美］罗斯科·庞德：《通过法律的社会控制》，沈宗灵译，

商务印书馆 2010 年版。

［美］罗斯科·庞德：《普通法的精神》，唐前宏等译，夏登峻校，法律出版社 2010 年版。

［美］罗伯特·斯蒂文斯：《法学院：19 世纪 50 年代到 20 世纪 80 年代的美国法学教育》，阎亚林等译，中国政法大学出版社 2003 年版。

［美］罗伯特·S. 萨默斯：《美国实用工具主义法学》，柯华庆译，中国法制出版社 2010 年版。

［美］简·爱德华·史密斯：《罗斯福传》，李文婕译，长江文艺出版社 2013 年版。

［美］伯纳德·施瓦茨：《美国法律史》，王军等译，中国政法大学出版社 1990 年版。

［美］伯纳德·施瓦茨：《美国最高法院史》，毕洪海、柯翀等译，中国政法大学出版社 2005 年版。

孙新强：《法典的理性——美国〈统一商法典〉法理思想研究》，山东人民出版社 2006 年版。

［法］阿力克西·德·托克维尔：《论美国的民主》（上卷），董果良译，商务印书馆 2004 年版。

［德］马克斯·韦伯：《法律社会学》，康乐、简惠美译，广西师范大学出版社 2005 年版。

［美］基斯·威廷顿：《司法至上的政治基础——美国历史上的总统、最高法院及宪政领导权》，牛悦译，北京大学出版社

2010 年版。

许庆坤：《美国冲突法理论嬗变的法理——从法律形式主义到法律现实主义》，商务印书馆 2009 年版。

赵辉兵：《美国进步主义政治思潮与实践研究》，中国社会科学出版社 2013 年版。

张娟：《什么是法律现实主义——庞德、卢埃林、弗兰克之争》，载《西南政法大学学报》2010 年第 5 期。

张娟：《卢埃林关于法学研究的思想》，载《中南大学学报（社会科学版）》2010 年第 5 期。

朱景文：《对西方法律传统的挑战——评美国批判法律研究运动》，载《中国法学》1995 年第 4 期。

中文论文

程文进：《一战后美国的欧洲战略和 20 世纪 20 年代的美国对德政策》，载《济南大学学报（社会科学版）》2003 年第 4 期。

［美］杰罗姆·弗兰克：《如何打造优秀的法学教育》，王晨光译，载《法学杂志》2012 年第 5 期。

冯伟年：《论美国进步运动的历史背景及其社会影响》，载《西北大学学报（哲学社会科学版）》2001 年第 2 期。

付瑶：《解读美国宪法史上的“洛克纳”时代（1897 ~ 1937 年）》，载《中国法律》2012 年第 3 期。

高鸿钧：《美国法全球化：典型例证与法理反思》，载《中国法学》2011 年第 1 期。

胡晓进、任东来：《保守理念与美国联邦最高法院——以 1889—1937 年的联邦最高法院为中心》，载《美国研究》2003 年第 2 期。

柯岚：《法律方法中的形式主义与反形式主义》，载《法律科学》2007 年第 2 期。

［美］邓肯·肯尼迪：《法律与法律思想的三次全球化：1850—2000》，高鸿钧译，载《清华法治论衡》2009 年第 12 期。

［美］卡尔·卢埃林：《美国判例法制度》，黄列译，载《环球法律评论》1989 年第 5 期。

［美］卡尔·卢埃林：《现实主义法学——下一步》，孙新强译，载陈金钊、谢晖：《法律方法》第 10 卷，山东人民出版社 2010 年版。

刘翀：《现实主义法学的批判与建构》，载《法律科学》2009 年第 5 期。

刘剑：《可估量性：经由传统而实现的“神话”——评卡尔·卢埃林的〈普通法传统〉》，载《河北法学》2007 年第 1 期。

刘剑：《美国法律现实主义视野下的法学教育》，载《当代法学》2009 年第 3 期。

林来梵、胡锦光：《西岸宾馆诉帕里什案（West Coast Hotel Co. V. Parrish）》，载《判解研究》2001 年第 3 期。

吕世伦、付池斌：《现实主义法学对美国法学教育的影响》，载《东岳论丛》2006 年第 2 期。

刘星：《法律的不确定性——美国现实主义法学述评》，载《中山大学学报（社会科学版）》1996 年第 S3 期。

陆宇峰：《美国的法律现实主义：内容、兴衰及其影响》，载《清华法学》2010 年第 6 期。

陆宇峰：《“事实怀疑论”的浅薄与深刻——弗兰克法律现实主义再解读》，载《江汉论坛》2014 年第 10 期。

彭灵勇：《对现实主义法学的反思》，载《社会科学家》1997 年第 1 期。

孙启东、范进学：《弗兰克法律现实主义观述论》，载《山东社会科学》2007 年第 3 期。

孙新强：《论普通法的“宏大风格”》，载《法制与社会发展》2007 年第 1 期。

沈宗灵：《卢埃林的现实主义法学》，载《法学研究》1990 年第 5 期。

[美] 特文宁：《谈谈（美国的）现实主义法学》，仁堪译，载《环球法律评论》1987 年第 4 期。

王书成：《论社会经济活动规制之合宪性推定——美国法的考察及启示》，载《法学》2009 年第 2 期。

许庆坤：《重读美国法律现实主义》，载《比较法研究》2007 年第 4 期。

叶平：《卢埃林与统一商法典》，载《私法》2011 年第 1 期。

于晓艺：《反传统的美国法律现实主义》，载《中国海洋大学学报（社会科学版）》2011 年第 2 期。

朱广新：《美国法上的允诺禁反悔制度研究》，载《环球法律评论》2006 年第 2 期。

张红：《学徒制 VS 学院制——诊所法律教育的产生及其背后》，载《中外法学》2007 年第 4 期。

张宏生、汪静姗：《略论美国现实主义法学》，载《国外法学》1983 年第 1 期。

英文文献

Ambrosio, *Legal Realism*, 2000 N. J. Law. 30 (2000).

Arnold, *Judge Jerome Frank*, 24 U. Chi. L. Rev. 633 (1957).

Arnold, *Trial by Combat and the New Deal*, 47 Harv. L. Rev. 913 (1934).

Arnold, *The Role of Substantive Law and Procedure in the Legal Process*, 45 Harv. L. Rev. 617 (1932).

Cohen F, *Transcendental Nonsense and The Functional Approach*, 35 Colum. L. Rev. 809 (1935).

Cohen F, *Ethical Systems and Legal Ideals: An Essay on the Foundations of Legal Criticism*, New York: Falcon Press, 1933.

Cohen R, *Justice Holmes and the Nature of Law*, 31 Colum. L.

Rev. 352 (1931).

Cook, *The Logic and Legal Bases of the Conflict of Laws*, 33 Yale L. J. 457 (1924).

Cook, *Scientific Method and the Law*, 13 A. B. A. J. 303 (1927).

Corbin, *Offer and Acceptance, and Some of the Resulting Legal Relations*, 26 Yale L. J. 206 (1917).

Corbin, *Conditions in the Law of Contract*, 28 Yale L. J. 739 (1918).

Corbin, *Jural Relations and Their Classification*, 30 Yale L. J. 226 (1920).

Eskridge & Peller, *The New Public Law Movement: Moderation as a Postmodern Cultural Form*, 89 Mich. L. Rev. 707 (1991).

Frank, *Law and the Modern Mind*, Gloucester, Mass: Peter Smith, 1970.

Frank, *Say It with Music*, 61 Harv. L. R. 921 (1948).

Frank, *Are Judge Human*, 80 U. Pa. L. Rev. 17 (1931).

Frankfurter, *The Task of Administrative Law*, 75 U. Pa. L. Rev. 614 (1926).

Fuller, *American Legal Realism*, 82 U. Pa. L. Rev. 429 (1934).

Gilmore, *Legal Realism: Its Cause and Cure*, 70 Yale. L. J.

1037 (1961).

Gilmore, *In Memoriam: Karl Llewellyn*, 71 Yale L. J. 813 (1961).

Gray T, *Langdell's Orthodoxy*, 45 U. Pitt. L. Rev. 1 (1983).

Gray T, *The New Formalism*, Stanford Public Law and Legal Theory Working Paper Series, 1999.

Hale, *Coercion and Distribution in a Supposedly Non-Coercive State*, 38 Pol. Sci. Q. 470 (1923).

Hart, *American Jurisprudence through English Eyes: the Nightmare and the Noble Dream*, 11 Ga. L. Rev. 969 (1977).

Hasnas, *Back To The Future: From Critical Legal Studies Forward To Legal Realism*, 45 Duke L. J. 84 (1995).

Herget & Wallace, *The German Free Movement as the Source of American Legal Realism*, 73 Virginia Law Review, 399 (1987).

Holmes, *The Path of Law*, 10 Harv. L. Rev. 457 (1897).

Homes, *Law in Science and Science in Law*, 12 Harv. L. Rev. 443 (1899).

Horwitz, *The Transformation of American Law* 1870 – 1960: *The Crisis of Legal Orthodoxy*, New York, Oxford: Oxford University Press, 1992.

Hull, *Reconstructing the Origins of Realistic Jurisprudence: a Prequel to the Llewellyn-Pound Exchange over Legal Realism*, 1989

Duke L. J. 1302 (1989).

Hutcheson, *The Judgment Intuitive: The Function of the "Hunch" in Judicial Decisions*, 14 Cornell L. Q. 274 (1928).

Kalman, *Legal Realism at Yale* 1927 – 1960, Chapel Hill: The University of North Carolina Press, 1986.

Kamp, *Between-the-Wars Social Thought: Karl Llewellyn, Legal Realism, and the Uniform Commercial Code in Context*, 59 Alb. L. Rev. 325 (1995).

Kantorowicz, *Some Rationalism about Realism*, 43 Yale L. J. 1240 (1934).

Kelley & Holmes, *Langdell and Formalism*, 15 Ratio Juris. 26 (2002).

Leiter, *Legal Realism and Legal Positivism Reconsidered*, 111 Ethics. 278 (2001).

Leiter, *American Legal Realism*, in Edmundson & Golding eds., The Blackwell Guide to Philosophy of Law and Legal Theory, Oxford: Blackwell, 2003.

Llewellyn, *A Realistic Jurisprudence—The Next Step*, 30 Colum. L. Rev. 431 (1930).

Llewellyn, *Some Realism about Realism: Responding to Dean Pound*, 44 Harv. L. Rev. 1222 (1931).

Llewellyn, *The Bramble Bush: On Our Law and Its Study*, New

York: Oceana Publications, 1960.

Llewellyn, *Remarks on the Theory of Appellate Decision and the Rules and Canons about How Statutes Are to Be Construed*, 3 Vand. L. Rev. 395 (1950).

Mechem, *The Jurisprudence of Despair*, 21 Iowa L. Rev. 669 (1936).

Moore, *The Rational Basis of Legal Institutions*, 23 Colum. L. Rev. 609 (1923).

Moore & Hope, *An Institutional Approach to the Law of Commercial Banking*, 38 Yale L. J. 703 (1928).

Moore & Sussman, *Legal and Institutional Methods Applied to the Debiting of Direct Discounts*- Ⅰ, Legal Method: Bankers Set off. 40 Yale L. J. 381 (1930).

Oliphant, *A Return to Stare Decisis*, 14 A. B. A. J. 71 (1928).

Oliphant, *Facts, Opinions, and ValueJudgments*, 10 Tex. L. Rev. 127 (1932).

Pound, *Mechanical Jurisprudence*, 8 Colum. L. Rev. 605 (1908).

Pound, *Law in Book and Law in Action*, 44 Am. L. Rev. 12 (1910).

Pound, *Justice according to law*, 13 Colum. L. Rev. 696

(1913).

Pound, *Executive Justice*, 55 Am. L. Reg. 137 (1907).

Pound, *The Theory of Judicial Decision*, 36 Harv. L. Rev. 802 (1923).

Pound, *The Call for a Realistic Jurisprudence*, 44 Harv. L. Rev. 697 (1931).

Radin, *The Theory of Judicial Decision: Or How Judge Think*, 11 A. B. A. J. 357 (1925).

Radin, *Legal Realism*, 31 Colum. L. Rev. 824 (1931).

Singer, *Legal Realism Now*, 76 Cal. L. Rev. 465 (1988).

Tamanaha, *Understanding Legal Realism*, 87 Tex. L. Rev. 731 (2008).

Twining, *Talk about Realism*, 60 N. Y. U. L. Rev. 329 (1985).

Twining, *Two Works of Karl Llewellyn*, 30 Mod. L. Rev. 514 (1967).

Twining, *Karl Llewellyn and the Realist Movement. Second Edition*, New York: Cambridge University Press, 2012.

White, *From Sociological Jurisprudence to Realism: Jurisprudence and Social Change in Early Twentieth-Century America*, 58 Virginia L. Rev. 999 (1972).

Whiteman, *Commercial Law and the American Volk: A Note on*

Llewellyn's Sources for the Uniform Commercial Code, 97 Yale L. J. 156 (1987).

Yntema, *The Hornbook Method and the Conflict of Laws*, 37 Yale L. J. 468 (1928).

Yntema, *American Legal Realism in Retrospect*, 14 Vand. L. Rev. 317 (1960).

附录一
美国法律现实主义：内容、兴衰及其影响[*]

一、法律现实主义的缘起

（一）普通法危机与法律形式主义的回应

19 世纪中叶，英美两大普通法国家同时经历了一场变革。废除令状制度打破了程序本位的传统；从“有令状才有救济”到“有权利就有救济”，普通法迈出现代化的关键一步；曾经受令状限制的实体法摆脱了束缚，法官开始自由选择先例并从中抽取和归纳规则。这种普通法运作方式的根本改变，在两个国家产生了截然不同的后果。凭借“遵循先例”原则的确立和有效运转，英国像“光荣革命”那样，波澜不惊地完成了法律革命；然而模仿

---

* 本文原载《清华法学》2010 年第 6 期，有改动。

英国法运作的美国，却因政治、历史、社会条件的种种差异，遭遇了“普通法危机”。①

从政法体制上看，当时美国行政权力十分弱小，也没有“议会至上”的传统，司法受到的制约相对较少；联邦和州两套系统并行运转，多数私法案件长期归州法院各自管辖，废除令状制度又给了州法官选择先例的自由。在这种体制状态下，尽管联邦法院一直致力于扩大管辖权和影响，却始终无法消除司法实践不统一的现象。从社会环境来讲，建国后就开始的移民浪潮，持续不断的“西进”运动，以及工业革命如火如荼的展开，为美国带来了呈几何级数增长的人口、土地和财富；北部封闭式的传统农业社会，也质变为开放式的现代工业社会，南北差异急剧扩大。社会环境变动造成诉讼暴涨，本就不统一的司法实践显示出更加混乱的状况。更严峻的问题源于国家案例报告体系的建立，1870 年以后，西太平洋公司系统出版联邦法院、各州最高法院以及越来越多低等州法院的意见，令法律专家疲于应付。

几百年来，令状制度从程序上维系着普通法的统一，而在程序改革之后，遵循先例原则成了必要的替代品。先例原则就像桥，一个桥墩扎进过去的智慧，另一头通向未来，过去对未来的限制避免了混乱。但先例原则的运转需要“不多不少的先例”，先例太少积累不起足够的智慧，先例太多太杂，又会出现乱搭桥

① See Grant Gilmore, *Legal Realism: Its Cause and Cure*, 70 Yale. L. J. (1961), p. 1037 – 1048.

的窘况。在19世纪70年代的美国，普通法已经陷入了这种窘况，深刻的危机迫使着法律思想作出回应。①

兰德尔的法律形式主义思想，以及贯彻这种思想的"案例教学法"，被后来的进步主义者和现实主义者视为迂阔不堪、脱离现实。然而，形式主义能够支配美国法律思想与实践长达半个世纪之久，正是由于回应了当时的现实——普通法危机。

常被勾画成腐儒形象的兰德尔，实际上是美国现代法学的开启者。② 首先，19世纪70年代兰德尔主政哈佛法学院，改变了律师和法官兼任法学教授的传统，"以学术为志业"的法学家阶层崛起。这个阶层与实践保持距离，自诩以"法律科学"作为实践的指引。其次，兰德尔主义者是"第一批试图在当时已经变成实证主义的世界中理解和合法化普通法体系的美国学者"③。他们将法律视为"主权者的命令"，其法律原则和法律学说，不是源于自然的启示或上帝的命令，而是来自对先例的抽象。再次，在南北战争前，法律学者都将令状和诉讼程式作为法律事实的分类依据。兰德尔主义者却以法律原则归类事实，并整理出逻辑自洽的体系，从理论上回应了普通法的程序变革。最后，兰德尔教义中

① See Grant Gilmore, *Legal Realism*: *Its Cause and Cure*, 70 Yale. L. J. (1961), p. 1041.

② See Patrick J. Kelley & Holmes, *Langdell and Formalism*, 15 Ratio Juris, (2002), p. 26 – 51.

③ [美] 斯蒂芬·M. 菲尔德曼：《从前现代主义到后现代主义的美国法律思想》，李国庆译，中国政法大学出版社2005年版，第169页。

渗透着现代早期的科学精神，崇尚严谨的演绎逻辑。这种科学方法始于欧几里德几何学，在牛顿经典力学中获得了完美展现，其哲学基础是信奉真理体系独立性的笛卡尔式现代主义。兰德尔主义者认为，正是由于缺乏符合演绎逻辑的法律科学，才导致了法律实践的混乱。① 总言之，兰德尔主义是美国现代法律思想的第一波，相信完美的“法律科学”体系可以解决普通法危机。

然而，面对已然庞杂矛盾的普通法，如何可能构造出内在一致的科学体系呢？这是由于兰德尔主义者的法律原理源于精挑细选的少量先例，有些先例来自英国，有些还作了裁剪；大量不符合原理的案例，则被认为没有任何价值。因此，他们的理论重心实际在于演绎推理：原理不容置疑，重要的是掌握逻辑演绎的法则，掌握法律“自动售货机”的程序。兰德尔倡导的“案例教学法”首先提出基本原理，然后讲授与之完全相符的少量案例；他将图书馆视为法律教授和法律学生的“工厂”，也是因为真实世界并非基本原理的演绎。② 兰德尔主义以回避现实的方式回应现实，在基因里就藏着隐患。凭借原理和演绎逻辑裁剪法律实践，牺牲现实多样性以获得理论统一性，必然造成法律僵化，阻碍社会发展。

---

① ［美］斯蒂芬·M. 菲尔德曼：《从前现代主义到后现代主义的美国法律思想》，李国庆译，中国政法大学出版社 2005 年版，第 166 ~ 193 页。

② 参见柯岚：《法律方法中的形式主义与反形式主义》，载《法律科学》2007 年第 2 期。

（二）“洛克纳”时代与“进步主义”思潮的涌现

兰德尔主义者基本上是私法学家，研究合同、侵权、财产等有限的领域。在他们看来，公法尤其是宪法属于变动不居的政治，无法加以体系化，不是法律科学的对象。然而，他们最大的“罪名”却来自公法层面，最具代表性的，就是联邦最高法院根据宪法第十四修正案正当程序条款，判决纽约州限制工人工时的立法违宪的“洛克纳案”。

其实，从“兰德尔主义”到“洛克纳主义”经历了一种思维转换：契约自由、过错责任、绝对财产权等私法原则，上升为公法特别是宪法原则；原先独立于政治法的私法科学体系，变成了整个法律体系的中心。① 这种思维转换有着深刻的文化、政治、社会背景。19 世纪下半叶，斯宾塞的社会达尔文主义传入美国知识界，为政治上的自由放任提供了“科学”依据，反对干预经济交往的“法律达尔文主义”应运而生。② 批判法学家认为，这种生物学—社会学—政治学—法学的逐步渗透，符合当时原始积累已告完成、社会权力已经确立的大资产阶级利益，并成为对抗农

---

① See Thomas C. Grey, *The New Formalism*, Stanford Public Law and Legal Theory Working Paper Series (1999).

② 参见［美］伯纳德·施瓦茨：《美国法律史》，王军等译，中国政法大学出版社 1990 年版，第 124 ~ 129 页。

民运动和民权斗争的理论工具。[1] 不论大资产阶级和法律阶层间的共谋是否存在，美国联邦法院通过一系列判决，将兰德尔教义中的私法价值上升到公法乃至宪法层面，是不争的历史事实。总而言之，自由放任思想在19世纪末20世纪初占据了主流，这种思想贯通了私法和公法领域，形成整体上的法律形式主义。

但主流的法律思维并非所向披靡。早在20世纪80年代，库利、梯德曼、哈蒙德等美国历史法学家，就已经揭示了形式主义的虚假性。他们受萨维尼和梅因的影响，强调法律随社会历史变动，并非抽象的、理性的永恒体系。更重要的是，他们发现规则可以经由解释呈现不同的意义，三段论的演绎推理，并不妨碍法官运用政治、经济、道德观点，获得想要的结果。[2] 但在很大程度上，美国历史法学家同样分享了自由放任的观念，其理论动机主要不是批判，而是说明普通法如何在实践中不断发展。

首先反对司法保守僵化的是“进步主义”者。“洛克纳案”（1905）并非第一个争议案件，早在19世纪70年代，联邦最高法院就已被谴责为“听命于铁路、公司和富人的仆人”[3]。1895年的糖精炼公司案同样饱受质疑，该案的司法意见称，《谢尔曼

---

① 参见［美］莫顿·J. 霍维茨：《美国法的变迁：1780—1860》，谢鸿飞译，中国政法大学出版社2004年版，第383～400页。

② See Brian Z. Tamanaha, *Understanding Legal Realism*, 87 Texas L. Rev. (2009), p. 748 – 55.

③ Brian Z. Tamanaha, *Understanding Legal Realism*, 87 Texas L. Rev. (2009), p. 745.

反托拉斯法》规制商业交易而非生产行为，不适用于这家垄断美国90%以上制糖业的公司。[①] 此外，大法官们还以《美国宪法》第十四修正案“正当程序”条款的名义，短短几十年间否决了数百件旨在干预经济的州立法，[②] 他们对高度垄断和贫富分化的无视，成为激发全国范围“进步运动”的重要因素。这场运动发源于平民阶层，要求扩大行政权力，发展社会福利，限制大公司的经济垄断，保障劳工及妇女的平等权益。[③] 运动很快扩展到同样受挤压的中产阶层，而在新兴社会科学影响下，法律人士也加入进来。19世纪末社会科学的兴起，动摇了机械自然科学的范式性地位，与兰德尔时代的科学观形成了对立；经济学、社会学和心理学的研究成果，为社会改革勾画了蓝图、提供了方法。[④] 与此同时，耶林领导的德国自由法运动，将利益理念引入法学研究，反对机械适用法律，也给世纪之交的美国法学带来诸多启示。[⑤] 很多进步主义法学家开始认为，形式主义错在不懂得法律只是维

---

① See G. Edward White, *From Sociological Jurisprudence to Realism: Jurisprudence and Social Change in Early Twentieth-Century America*, 58 Virginia L. Rev. (1972), p. 1001.

② See J. Singer, *Legal Realism Now*, 76 Cal. L. Rev. (1988), p. 499.

③ 参见冯伟年：《论美国进步运动的历史背景及其社会影响》，载《西北大学学报（哲学社会科学版）》2001年第2期。

④ See G. Edward White, *From Sociological Jurisprudence to Realism: Jurisprudence and Social Change in Early Twentieth-Century America*, 12 Virginia L. Rev. (1972), p. 1014.

⑤ See James E. Herget & Stephen Wallace, *The German Free Movement as the Source of American Legal Realism*, 73 Virginia L. Rev. (1987), p. 399 – 455.

护社会“福利”的“工具”，不能以功利眼光“实用”地看待法律，导致与“行动中的法”脱节。[①] 他们督促法官摒弃形式主义路径，公开运用经济、道德、哲学的新理论指导司法裁判。

这些持“工具”、“功利”和“实用”观念，反对形式主义法学和司法实践僵化保守的人，包括詹姆斯、霍姆斯、杜威、庞德、卡多佐等。[②] 受新兴社会科学的鼓舞，他们的理论呈现出价值绝对主义的乐观姿态，强调法律“应然”层面，认为法律改革的目标是实现社会共同利益和维护共同体的伦理规范。因此，支撑他们“进步”法律批判的信念，实际上包括了在资本主义垄断阶段遭到破坏的传统价值。此外，在批判形式主义方法的同时，进步主义者并不试图解构法律规范和法律体系：霍姆斯非常赞赏兰德尔精致的法律体系，二者的争论仅仅在于，当完美的体系在现实中得出不合理的结论时，应当坚持“科学”还是取向于“便利”；[③] 庞德甚至认为，在财产法和商事交易领域，机械适用法律规则实现了“法律秩序”，形式主义只是错在将这种方法扩展到

---

① See Roscoe Pound, *Law in Book and Law in Action*, The American Law Review (1910), p. 15.

② 参见［美］罗伯特·S. 萨默斯：《美国实用工具主义法学》，柯华庆译，中国法制出版社2010年版。罗伯特·S. 萨默斯将美国实用主义哲学家的法学思想、法律实用主义、社会法学和法律现实主义统称为“实用工具主义法学”。但后文将表明，前三者实际上受进步主义思潮影响，与法律现实主义有重要区别。

③ See Patrick J. Kelley & Holmes, *Langdell and Formalism*, 3 Ratio Juris, (2002), p. 26 – 51.

所有领域。①

弱势阶层被压抑的痛苦在不断积累，进步运动日复一日深入，世纪之交的法学思想中已经出现了逆流。但与此同时，普通法危机表面上有所平息，主流的法律思维也并没有被彻底颠覆，新的法律变革还要等待社会形势和文化氛围的继续发展。

（三）“一战”与现实主义的登场

“一战”给进步主义思潮带来了新面相，一种迥异于上代人的相对主义观念蔓延开来。战争说明了繁荣与和平不会永久，大屠杀和无意义的死亡更予人世事无常之感，离婚率飙升和性态度的转变，从一个侧面透露出传统道德的解体。在自然科学领域，爱因斯坦“相对论”推翻了牛顿静态物理学，“时空相对性”学说加剧了对基础主义价值观的怀疑。社会科学也经历了重要转向：战前的进步主义者将“进步”视为向终极目标迈进，其理论具有规范性和理想性，认为统计学、社会学、经济学提供了解决社会问题的科学方法，能够推进社会福利，维护社会道德。战后出现的行为科学，却明显增加了对经验性的强调。行为心理学和文化人类学表明，各种文化现象背后并不存在普遍结构；“应然”规范不过是受需求驱动的个人相互作用的结果，不具有先验性。“进步”的确定目标消失了，“科学”的含义变成承认现实社会制

① See Roscoe Pound, *The Theory of Judicial Decision*, Harv. L. Rev. (1923), p. 825.

度，分析其功能及条件，从工具理性的角度确保其有效运转。这些因素共同营造出相对主义的文化氛围，推动法学转向价值中立、注重“实然”的经验研究。①

此外，“一战”时“中立”的美国，通过军工贸易和战争贷款迅速改变了债务国地位，雄厚的资金加上战争刺激下科技的迅猛发展，使它迎来了战后的“柯立芝繁荣”。但在自由放任的时代，经济越是繁荣，不平等就越是扩大，形式主义所造成的司法混乱就越是严重。正如前文所说，形式主义的法律科学本来就是在裁减多样性的基础上形成的，随着社会复杂性的膨胀，教条适用抽象原则的司法结果越来越千奇百怪，从先例中自由提炼规则的做法，在学术领域和实践领域都导致矛盾丛生。20 世纪 20 年代的美国，普通法危机已经愈演愈烈，然而不仅形式主义者仍然占据半壁江山，在已经进入理论成熟期的进步主义者那里，这个法律系统自身的重大问题也并未完全浮出水面。②

最后，进步主义者的“功利”观念和法社会学思想，本为欧洲尤其是德国的舶来品，强调将制定法作为社会改革的工具。这

① 参见 G. Edward White, *From Sociological Jurisprudence to Realism: Jurisprudence and Social Change in Early Twentieth-Century America*, 12 Virginia L. Rev. (1972), p. 1013 – 1015; Hessel E. Yntema, *American Legal Realism in Retrospect*, 14 Vand. L. Rev. (1960), p. 317 – 330; Brian Leiter, *American Legal Realism*, in W. Edmundson & M. Golding eds., The Blackwell Guide to Philosophy of Law and Legal Theory, Blackwell, 2003, p. 2; 许庆坤：《重读美国法律现实主义》，载《比较法研究》2007 年第 4 期。

② See Herman Oliphant, *A Return to Stare Decisis*, 14 A. B. A. J. (1928), p. 71 – 76, 107 – 126.

种思路更适合“议会至上”的英国和法典化的欧陆，而非美国这个普通法传统根深蒂固的“司法国家”。普通法的成长依靠个案裁判的渐进积累，这种观念直到今天仍为许多美国法学家所共享。因此，尽管庞德这样“学贯欧美”的大师试图调和矛盾，倡导在司法中展开“社会工程”，① 但在行政权力尚未扩张的前“新政”时期，他的理念不可能得到很好的理解。“一战”后的美国蒸蒸日上，不太精通外文且刻意与德国学术保持距离的法学家们，正酝酿着一种更为“本土化”的法律思想。

“一战”后相对主义的文化氛围、继续扩大的普通法危机以及法律思想本土化的需要，在这三种因素的共同作用下，法律现实主义登上了历史舞台。

二、法律现实主义者的基本主张

20 世纪二三十年代的美国，法律现实主义者不仅为数众多，方法与观点也参差不齐。其领军人物卢埃林认为，现实主义不是一个“学派”，而是一场“运动”。② 尽管如此，在这个身处同一时代、应对相同法律主题的思想阵营中，还是存在一定的统一性。本文将现实主义的基本主张概括为四个方面，并尽可能在叙

---

① See Roscoe Pound, *Law in Book and Law in Action*, The American Law Review (1910), p. 15.

② See Karl N. Llewellyn, *Some Realism about Realism*, 44 Harv. L. Rev. (1931), p. 1233 – 1234.

述中保留其内部差异。

（一）“反概念主义”的思维模式

在 1930 年出版的《荆棘丛》中，卢埃林写道：“官员关于争端所作的，在我看来，就是法律本身”；“规则之所以重要，仅仅因为它帮助我们了解或预测法官将做什么事，或者帮助我们促使法官做什么事”①。这些话旗帜鲜明地表达了现实主义者重行动轻言辞的理论态度，矛头直指当时学界和实务界的形式主义风气，令人耳目一新。

但卢埃林辞锋之甚，让一些非形式主义者都难以接受。时任哈佛法学院院长的庞德批评说，现实主义者缺乏对法律的全面理解，忽略法律应然层面，取消了法律的规范性。②“二战”之后，这种批评升级为激烈版本，指责现实主义为专制独裁辩护，宣扬价值虚无主义。哈特也分析过这种法律“定义”的荒谬性：如果法律是法官的行动，“按照法律，某法院的判决是错误的”，“上级法院根据法律否决下级法院的判决”，这些说法就都毫无意义；当法官寻找可适用的法律时，就只能不合情理地问自己，“我将会如何判决？”③

---

① K. Llewellyn, *The Bramble Bush*, Oceana Publications, 1960, p. 12, 14.

② See Roscoe Pound, *The Call for a Realistic Jurisprudence*, 44 Harv. L. Rev. (1931).

③ Brian Leiter, *Legal Realism and Legal Positivism Reconsidered*, 111 Ethics (2001), p. 290.

当代研究者赖特却认为，现实主义者饱受争议的法律“定义”，不过是对“法律”一词的霍姆斯式运用罢了：“现实主义者都不是哲学家，更谈不上分析哲学家，在法律的概念方面没有任何明晰的东西”。卢埃林的想法明显受霍姆斯启发，“所谓法律，就是对法院实际上将会做出什么的预言，而绝非其他矫饰浮夸之辞”。但上述论断的语境，是讨论法律对于律师的意义，他们“将在法官面前出庭，或向人们提出避免诉讼的建议”①。

其实，《荆棘丛》既不存在批评者指摘的定义错误问题，也不存在辩护者暗示的定义能力问题，而是恰恰体现了现实主义者“反概念主义”的思维模式。卢埃林早就指出：“‘法律’的概念可能包含太多不同内容，要为这些内容找到一种表面上的共同点都很困难，更遑论加以定义。”在他看来，每个定义都划定一片领域，但“法律像生活一样宽广”，不应“从法律的事务中排除任何东西”。因此法律研究的正确起点，不是通过描述“边际”界定法律，而是找寻法律事务的“中心”，即“官员的行动”②。

现实主义者从根本上反对定义法律，他们在法理学的元问题上，不仅与形式主义撇清了关系，而且与其他未脱概念主义巢臼的法律思想划清了界限。在现实主义者看来，形式主义的法律是

① Brian Leiter, *Legal Realism and Legal Positivism Reconsidered*, 111 Ethics (2001), p. 291.

② K. Llewellyn, *A Realistic Jurisprudence—The Next Step*, 30 Columbia L. Rev. (1930), p. 431 - 465.

“纸上规则”，与现实生活中的“真实规则”不一致；自然法学勾勒的权利体系和“应然”秩序无关实际行为，是没有在生活中验证的言辞；利益法学强调作为法律“目的”的“利益”，但掺杂进这种难以达成共识的因素，只能使“法律”的含义更加混乱。[①] 他们继承了进步主义者对形式主义的法律批判，但将批判推向了极致：霍姆斯并不厌恶法律概念和法律体系，“抽象规则不能决定具体案件”[②] 却被奉为至理；庞德被批评为“停留在概念上”，“行动中的法”和“书本上的法”的区分却一直得到赞赏；[③] 詹姆斯、杜威“应然”倾向的功利观念受到排斥，对先验真理和抽象概念的拒绝却被引为教义。

这种极端的“反概念主义”是新时代文化氛围在法律思想中渗透的结果。20 世纪对抽象理论脱离具体实践的认识，代表着现代主义思想第二波的特质，与第一波笛卡尔式的理性主义适成对比。新的认识论发现，关于何为科学假设证明证据的理论，与证明的实践完全不符；新的伦理学也指出，功利论和义务论的道德理论都会遇到违反道德直觉的反例；法律现实主义者则将这种认识运用于法律研究，怀疑由概念堆砌的规则和理论体系，可能与

---

① See K. Llewellyn, *A Realistic Jurisprudence—The Next Step*, 30 Columbia L. Rev. (1930), p. 431 - 465.

② Lochner v. New York, 198 U. S. 45, 25 S. Ct. 539 (1905).

③ See K. Llewellyn, *A Realistic Jurisprudence—The Next Step*, 29 Columbia L. Rev. (1930), p. 435.

司法实践的真实情况相背离。①

作为“外因”的文化氛围不是单独起作用的，对概念主义的不满，更源于法律系统运作的内在困境。1926 年，现实主义者奥利芬特发表了著名演讲《重回遵循先例》，认为美国普通法已经陷入了全面混乱，这是人们在令状制度废除后，恣意地依据自己的概念分类，从先例中抽象法律原则所致。令状和诉讼程式是对长期存在的具体事实情境的归纳，抽象原则却没有这种客观基础。面对先例，从哪个法律范畴的角度进行抽象，抽象到何种程度，没有一定之规；先例之间哪些共同特征应当考虑，哪些不应考虑，也没有当然之理；事实与规则联结过程中的随意性，产生了法律理解的差异。然而，美国实务界和理论界没有正视这个问题：法官仍然自诩“依法裁判”，用形式主义的判决意见粉饰法律的统一性；学者们继续闭门造车，构建内在一致的法律科学体系，无视现实案件的复杂性；美国法学会的“普通法重述”以法官的“辞令”和学者的臆想为主要材料，同样不关心现实案件的多样性。这些治标不治本的做法，根本上还是概念主义在作祟，只能积累起更大的无序。②

与奥利芬特的单纯批判不同，阿诺德从“阴谋论”角度分析

---

① See H. Hamner Hill, *The Way The Law Is: on The Coherentist Character of American Legal Realism*, 8 Canadian Journal of Law and Jurisprudence (1995), p. 227 – 244.

② See Herman Oliphant, *A Return to Stare Decisis*, 22 A. B. A. J. (1928), p. 71 – 76, 107 – 126.

了概念主义维护现代法律有效运转的作用。他将形式主义法学家类比于编织宗教教义的神学家，不断通过“重述”先例中的法律构建“实体法”完美体系。然而，所谓“重述”，既是为了减少层出不穷的矛盾规则和边缘性案件，将特殊性涵括进新的普遍理论的过程；也是忽略大量现实规则和案件，以形成逻辑一致的原则体系的过程。因此，“实体法”形式上极端复杂，实质上极度简化。因其极端复杂，固为法院威望之所系，庞大的科学体系牵一发而动全身，外行人无从染指；而因其极度简化，“实体法体系”又只能作为司法的“剧本”，为法官提供富有感染力的“台词”。总之，司法运作就像戏剧表演，需要发挥教化效用、获得艺术效果，使人们不怀疑法律有能力提供指引，对纠纷的处理具有确定性和正当性。尽管如此，阿诺德并不赞同概念主义的“阴谋”，因为法律重述是永无止尽的骗局，实事求是的司法裁判更为重要；最佳选择是像英国那样，将上诉法官的抽象理论与下级法官的具体实践相分离，将“实体法体系”架空为“哲学指南”①。在此，“概念主义”变成了一种策略，其内在价值被颠覆了。

弗兰克的“反概念主义”更为极端。19 世纪 70 年代法律形式主义在美国的产生，根本目的是以概念主义方式获得法律的确定性，但弗兰克却认为法律确定性没有任何价值。一方面，这只

---

① Thurman Arnold, *The Role of Substantive Law and Procedure in The Legal Process*, 45 Harv. L. Rev. (1932), p. 624 – 648.

是“法律的神话”，儿童依恋父亲绝对权威的表现，不符合成熟的现代心智；另一方面，概念与现实、规则与事实的脱钩不仅不值得畏惧，而且“适应于不断变化的社会现实、产业和政治条件”，具有巨大的社会意义。[①] 从目的无价值的角度来看，弗兰克否定了作为手段的“概念主义”。尽管这种对“法律确定性”的彻底解构，既不会得到卢埃林、穆尔等寻求“真实规则”的成员的赞同，也不会赢得为概念体系保留“哲学指南”地位的阿诺德的支持，但现实主义者都分享了反概念主义的思维模式，这个结论应当不成问题。

（二）“事实中心主义”的研究方法

在研究方法上，法律现实主义者倡导“事实中心主义”。他们反对概念主义思维的目的，就在于将法律研究的中心从规范转向事实。

法律长期是规范的领域。20 世纪初，霍姆斯法律实用主义、庞德社会法学已经在美国兴起，但这种情况仍然没有完全改变。将法律的现实运作而非概念、规范、体系置于绝对优先地位的做法，不仅截然对立于自然法学、形式主义法学、实证主义法学，也与上述兼顾规范的理论有很大差异。然而，在法律思想谱系的外部，社会科学早已开启了这种视角转移：“一战”前各种社会

---

① See Jerome Frank, *Law and the Modern Mind*, Gloucester, Mass: Peter Smith, 1970, p. 7.

学、人类学、心理学、经济学思潮，都在运用田野调查和统计等新方法，试图穿透意识形态、文化观念等规范性自我理解，直面现实的行动领域，发掘潜藏在各种话语背后的深层结构；“一战”后受价值相对主义影响的新兴行为科学，更是拒斥应然层面的规范研究，倡导从客观行为的经验分析出发，理解各种心理、文化和制度现象。现实主义者的“事实中心主义”方法，毋庸置疑受到了社会科学发展的深刻影响，譬如，谙熟人类学研究路径的卢埃林，就有意识地将之引入保守的法律领域。

事实中心主义所谓“事实”，不是通常所说的案件事实，而是区别于实证规则、学说体系、判决意见这些话语的实际行为、制度、关系，可以分为两大类：一是法律系统内部的“官员行为”，二是法律系统外部的“社会行为”。

卢埃林首倡研究者关注法官处理纠纷的实际行为，而非其声明的规则。他认为法学研究必须客观检验“纸上规则”和裁判实践的符合程度。从规则出发无法进行这种检验：一方面，“规则”一词的使用，将客观的救济措施和权利、利益等主观因素混杂在一起；抽象语言固有的开放性，也造成具体规则在不同诠释方法下呈现出差异。另一方面，不论法官如何理解或描述自己的行为，在理解或描述之中运用了怎样严格的演绎推理，都替代不了行为本身。① 美国法律实践日益混乱，不是由于作为说辞的规则

① K. Llewellyn, *A Realistic Jurisprudence—The Next Step*, 29 Columbia L. Rev. (1930), p. 435 – 438.

不统一，而是由于法官的真实行为不统一，甚至恰恰是统一的“依法裁判”掩盖并加剧了不统一。

为了建立起内在融贯的法律体系，形式主义者挑选和剪裁先例，大量反映了“法官行为”的真实案例由于不符合基本原理被“扫地出门”。现实主义者却要求面向所有先例，特别是无法用抽象理论合理解释的先例。正是在不断扩大材料范围的过程中，“法律科学”的解释能力才受到了全面的质疑。弗兰克对初审法院的批评，同样遵循了关注“法官行为”的研究路径，但他将目光从上诉法院转向初审法院，从法律适用转向事实认定。在卢埃林看来，司法不确定性源于上诉法官适用“纸上规则”的形式主义，采纳“真实规则”的司法“宏大风格”能够产生确定性；但在弗兰克看来，由于初审法官认定案件客观事实存在不可克服的困难，奢谈法律确定性和“真实规则”毫无意义。①

关注“社会行为”也是许多现实主义者主张的。卢埃林认为，要使法律获得确定性，就要使司法与社会实践相一致。在这里，“法律确定性”的含义实际上发生了改变，形式主义者用这个词表明规则内涵和外延的稳定性，但卢埃林指的却是规则与现实相符合。前者持“融贯论”，认为真理作为内部自洽的命题体

① 参见［美］杰罗姆·弗兰克：《初审法院——美国司法中的神话与现实》，赵承寿译，中国政法大学出版社2007年版；［美］卡尔·卢埃林：《普通法传统》，陈绪纲、史大晓等译，中国政法大学出版社2002年版。

系具有确定性；后者持“符合论”，强调真理作为符合客观事实的命题具有确定性。[①] 除了真理观的变化之外，现实主义者特有的“外行人”视角，也是他们聚焦社会行为的原因。[②] 在他们眼中，具体裁判的结果比“纸上谈兵”的规则和权利更重要，法律规则是否符合社会实践比能否构建科学体系更重要。

穆尔的实证研究体现了对“社会行为”的关注。通过调查关于银行法到期期票问题的三个判例，他发现各州不同的司法裁判可以由当地的不同实践加以解释。他试图借助这一研究表明，司法裁判的决定因素并非抽象的法律规则，而是由各种惯常行为方式所构成的社会制度；法律是且应当是社会行为的复制，任何立法和司法工作，都要首先调查相关领域现实的运作情况，确保规则与社会实践相一致。[③]

总而言之，在通过批判概念主义彻底推翻法律形式主义的统治之后，现实主义者没有就此止步，而是转向了以“事实”为中心的法律研究。

---

① 用卡尔·卢埃林自己的话来说，确定性“不是从静止不动的宇宙中引出的逻辑结论，而是法律与生活相互作用所引出的合乎情理的恒常性”。[美] 卡尔·卢埃林：《普通法传统》，陈绪纲、史大晓等译，中国政法大学出版社 2002 年版，第 220 页。

② See Lon Fuller, *American Legal Realism*, 82 University of Pennsylvania Law Review (1934), p. 431 – 438.

③ See Underhill Moore & Gilbert Sussman, *Legal and Institutional Methods Applied to the Debiting of Direct Discounts*, 40 Yale. L. J. (1931).

（三）“情境主义”的立法、司法技术

在司法和立法方面，法律现实主义倡导“情境主义”的技术。这种基本主张也为现实主义阵营所共有，可以分为“温和的情境主义”和“激进的情境主义”，前者包括卢埃林、奥利芬特、穆尔等，后者包括弗兰克、哈奇森和格雷等。

在卢埃林看来，“纸上规则”造成的司法混乱根源于抽象语言的局限性。抽象语言无语境，而个案却有具体情境，这还只是表面矛盾；更深层的问题在于，无论先例的裁判过程还是立法的制定过程，实际上都考虑了案件或者事项的具体情境，但后来的裁判者却并不知晓。由于具体情境的不同，字面上适用的规则可能并未涵括新的案件，这种现象在变迁迅速的时代尤其明显。[①]比如，契约自由原则产生于并预设着个人经济能力基本平等的社会条件，如果社会已经严重两极分化，贫穷的劳工已经丧失了与富裕的雇主自由缔约的可能性，是否还应当坚持呢？19 世纪末 20 世纪初，联邦最高法院无情境地保障契约自由，不仅践踏了实质正义；将不同情境的案件作相同处理，也破坏了法律的确定性。

因此，在法律制定和法律适用中，应当采用情境主义的技术。这里有两个问题需要进一步说明：第一，卢埃林相信，尽管具体案件的事实殊异多端，但其所处“类型情境”（type-

---

① See Lon Fuller, *American Legal Realism*, 40 University of Pennsylvania Law Review (1934), p. 443 – 447.

situation）却较为稳定。他在事实的多样性和一般性之间选择了中观视角，既不过度陷入个案细节，也不从法律原理的抽象层面抹杀个案差异。第二，他还认为，在同一种类型情境中，实用面向的自然理性相对统一。他呼吁司法走出当时的“程式化风格”，回归南北战争前“宏大风格”，考虑个案类型情境并引入人们共享的自然理性，据此对庞杂的先例加以挑选，实事求是地限制、扩展或者保留合适的规则。① 卢埃林领导编纂的《统一商法典》就反映出“情境主义”的理念。该法典区分各种类型情境（交易类型、当事人类型、市场类型），强调“所有权”“要约”“承诺”等抽象法律概念的情境意义（situation-sense）；同时，每个条款都附带理由，力图阐明规则的适用情境。②

除了卢埃林以及前述穆尔的调查之外，奥利芬特的研究也表明：法院判决并非抽象规则与具体事实相联结的演绎结果，而是与类型情境存在因果关系。他分析了一系列相互矛盾的法院判决，涉及合同中的不竞争承诺是否有效，而法官引用的合同法规则完全不能解释这些差异。为什么法院只确认了某些承诺，而不确认另一些承诺呢？奥利芬特从案件潜在的情境类型中找到了答案：在交易中，买卖双方的不竞争承诺一般都会被确认；而在雇

① 参见［美］卡尔·卢埃林：《普通法传统》，陈绪纲、史大晓等译，中国政法大学出版社 2002 年版，第 38～50 页；刘剑：《可估量性：经由传统而实现的“神话”——评卡尔·卢埃林的〈普通法传统〉》，载《河北法学》2007 年第 1 期。

② 参见许庆坤：《重读美国法律现实主义》，载《比较法研究》2007 年第 4 期。

主与雇员之间，不竞争承诺通常不会强制执行。时下盛行的非正式“商业规范”，促成了正式司法裁判的不同结果。① 在一些现实主义者看来，法律规范是抽象的，但非正式的社会规范却是情境化的，司法和立法都应当从后者中找寻基础。

弗兰克等的“情境主义”更为激进。在《初审法院》一书中，“情境”包括了影响初审法官事实认定的所有因素，已经无从类别化。首先，弗兰克将法官的事实认定同历史学家的工作相类比，二者都高度依赖可靠性存疑的二手证据，并且凭借想象力创造事实间的联系。其次，证人所陈述的事实，只是“他对事实的判断”。心理学证明了记忆有多么不可靠；诚实的证人为了表明所言不虚，会凭借想象拼凑记忆；他们出于同情、义愤，还容易站到某一方的立场上。而法官是“证人的证人”，这就在主观之上再加主观。再次，初审法院的“对抗制”诉讼，不是各方协力挖掘“真相”的过程，其本质是“战斗”，“起源于一种取代私人在法庭外斗殴的原始裁判形式”。律师的优劣不在于能否发现事实，而在于能否让法官采信对己方有利的证据，忽略不利证据，赢得战斗胜利。最后，法官“个性”也影响着事实认定。所谓“个性”是无数因素共同作用的产物，表现为“难以捉摸的怪癖”，不可能全面加以分析。由于这些原因，每个个案都处于不

① See Brian Leiter, *Legal Realism and Legal Positivism Reconsidered*, 27 Ethics (2001), p. 281 - 282.

同情境之下，法律的确定性无从谈起。①

哈钦森的激进情境主义，则表现为强调“直觉”在司法裁判中的作用。这种直觉是法官考虑案件时各种法律非法律因素综合作用的结果，一种不可名状的特殊情境的产物。他认为司法实际上凭借感情和预感，只有纂写判决意见时才运用推理；而所谓判决意见，不过是旨在“通过批评者的检验”的“自我证明”。②沿着哈钦森的道路走下去，最后可能否认立法司法的差异。格雷区分“法律”和“法律渊源”，认为制定法和判例法都不能称作法律，因为规则的含义要由法院来宣布，正是基于法院宣告的含义，规则才作为法律强加给社会。因此，规则的解释和规则本身并非同一概念，前者才是真正的法律，后者只是与习惯、政策、道德处于同一位阶的法律渊源而已。③

现实主义者都承认或者提倡司法和立法的“情境主义”，但具体观点有所差异：相信存在“类型情境”的卢埃林等人，认为可以制定出符合“真实规则”的法律，面对这样一种法律，司法造法是受到一定限制的；激进情境主义的观点却解构了“类型情境”的存在，认为所有法律都由法官创制，每一次司法裁判都是

---

① 参见［美］杰罗姆·弗兰克：《初审法院——美国司法中的神话与现实》，赵承寿译，中国政法大学出版社2007年版，第19～23、39～41、86～109、163～164页。

② See Joseph C. Hutcheson, *The Judgment Intuitive: The Function of the "Hunch" in Judicial Decisions*, 14 Cornell Law Quarterly (1929), p. 274－288.

③ 参见［美］E. 博登海默：《法理学：法律哲学及其方法》，邓正来、姬敬武译，华夏出版社1987年版，第394页。

特殊的造法过程。

（四）“渐进改良主义”的法律发展道路

最后，在法律发展道路问题上，现实主义者主张“渐进改良主义”。

现实主义者常被简单理解为传统破坏者和“新政”同盟军。然而，与进步主义者不同，现实主义者主要应对法律的内部危机——不确定性的增长，而非其外部危机——社会公平的丧失。反概念主义、事实中心主义和情境主义，都属于法律思想而非政治思想范畴：共同在法律领域主张现实主义，并不等于共享某种意识形态；在经济上持自由放任还是鼓励干预的态度，也并不妨碍对抽象规则和演绎逻辑的一致批评。许多现实主义者参与“新政”并扮演了重要角色，但一方面，他们的理论在“一战”后已经展开，那时经济危机尚未爆发，“新政”大幕尚未升起；另一方面，个人在政治生活中的选择，也不能轻易视为理论态度的延伸。[①] 更重要的是，与“新政”社会改革的激进气质不同，现实主义者对他们眼中的“普通法传统”恰有一种温情脉脉的保守，这体现在互相纠缠的两个方面：一是对普通法经验路径的坚持，二是对各种形式的理性法路径的拒斥。

奥利芬特颂扬普通法“遵循先例”原则的“力量和安全性”，

---

① See William Twining, *Talk about Realism*, 60 N. Y. U. L. Rev. (1985), p. 355 - 359.

认为先例原则拒绝陷入宽泛的构思，能够对当下问题保持耐心，从而找到明智的解决办法；同时，先例原则一步一个脚印地朝向未来，虽然前进步伐很小，但永无止境，而且可以根据经验的指示不断修正。他据此批评将“遵循先例”（stare decisis）变成了“遵循言辞”（stare dictis）的形式主义，反对美国法学会的“法律重述”工作，认为法官应该用经验直觉应对具体案件，而不是固守判决意见和法学著述中的抽象概念。① 卢埃林则更为明确地说，相比欧陆的法典法，普通法“在当事人的个别利益和对新法的社会需要之间，存在一种自动调合”②，更能适应不断发展的政治、经济、文化条件。因为判例体系并非由单纯的概念、规则构成，由法学教授在书斋里构建，而是从实际的诉讼中发展出来；哪里的社会实践需要新的法律，个人利益就会通过诉讼推动法院解释和发展法律。此外，卢埃林还倡导在法律研究中暂时隔离“应然”和“实然”，主张法律与非正式社会规范的一致性。这种对既存社会实践的保守态度，与试图让法学成为“社会工程学”的进步主义观点适成对比。弗兰克彻底的经验主义，也与“社会法”导向的“新政”格格不入。一方面，他的“事实怀疑论”强调，纷繁复杂的个案事实才是司法裁判的中心，相形之下，任

① See Herman Oliphant, *A Return to Stare Decisis*, 22 A. B. A. J. (1928), p. 71 - 76, 107 - 126.

② See Lon Fuller, *American Legal Realism*, 40 University of Pennsylvania Law Review (1934), p. 438 - 439.

何规则都无关紧要！因为真实的法律世界是“三维”的，除了“规则”和“判决”之外，“事实”之维更为重要。根据错误认定的事实讨论规则适用问题，无助于个案公平；当初审判决说明不清，上诉法官从判决结果逆向推定事实时，这种讨论不过是在增加扭曲。另一方面，弗兰克既反对抵制变化的“祖先崇拜”，也反对“死死盯着法律规则……对将来案件可能产生的影响”的“子孙崇拜”，认为二者的误区都源于“在当下的具体案件中，对活生生的当事人的利益关注不够”，法官“更为卑微但却更为重要和紧迫的任务，是去裁决具体的、实际的、当下的案件”。[①] 因此，法律的良性发展，不是在面向未来的社会规划下突然产生的，而是在一个个面向当下的谨慎裁判中渐进实现的。

在全球“社会法”改革浪潮风起云涌的时代，美国法律现实主义却展现出保守的一面，这是其学理逻辑的必然结果。抽象概念的不确定性及其脱离现实的“应然”指向，要求把视线从“纸上规则”转向官员行为和社会行为，对事实复杂性的认识又滋生起司法、立法的情境主义，最终导致了法律发展的渐进改良主义。此外，20 世纪的美国毕竟是一个普通法已经运转了两百多年的地方，尽管这个系统在现代化进程中陷入了深刻危机，但法律

① ［美］杰罗姆·弗兰克：《初审法院——美国司法中的神话与现实》，赵承寿译，中国政法大学出版社 2007 年版，第 177～201、242～245 页；Jerome Frank, *Cardozo and the Upper-Court Myth*, 13 Law and Contemporary Problems (1948), p. 369－390.

人士阶层并没有试图抛弃传统，而是不断通过法律思想、法律重述、司法改革加以调整。在当时美国法学界如日中天的庞德，却输掉了与年轻的卢埃林的论战，也许不是因为现实主义者更为激进地解构了法律规则，恰是因为他们更切合普通法固有的渐进改良主义传统。

三、法律现实主义的衰落及其影响

法律现实主义在“一战”后兴起，又在“二战”后迅速走向衰落，这首先是时代的选择。由于摧毁了维系自由放任观念的法律形式主义，现实主义在“新政”时期成为“官方法学”，但其理念与“新政”本有重要差异。较之保守于既存社会实践、推崇渐进法律发展的现实主义，实用法学和社会法学秉持功利原则，视法律为变革工具，实际上更符合“新政”需要；罗斯福政府的选择，可能考虑到现实主义当时已经占据法律思想舞台的中心。“新政”筑就了一个“行政国家”，将法律重心转向行政立法，避免了与聚焦司法的现实主义者正面冲突；但当“二战”爆发，时代的法律主题从普通法危机转向法律规范性，现实主义者对社会实践的保守，对“应然”之法的无视，就不再能够得到包容了。①

现实主义的缺陷同样深藏在基因里，外在情势只起催化作用。第一，“反概念主义”没有止步于抽象概念对司法的误导，

---

① 刘剑：《规则怀疑论者的规则观》，载《社会科学论坛》2002 年第 2 期。

而是解构了概念本身。“因噎废食”使法律研究成了零敲碎打，法学的体系性和法律原则的普适性完全丧失。第二，“事实中心主义”对“事实”理解狭隘、推崇过度。截然分割法官的“行为”与言辞，忽略了言说也是一种自我理解行为；“社会行为”绝对优先于应然规则，忘记了法律自身的正当性标准和塑造、变革社会的能动作用。第三，“温和情境主义”强调“类型情境”，可能抹杀个案间更细微但具根本性的差异，多元社会中“情境意义”能否达成共识也存有疑问；“激进情境主义”彻底消解个案普遍性，在揭示“法律神话”的同时陷入另一种神秘主义。第四，“渐进改良”并非法律发展的唯一合理模式。普通法理论上能够在逐案裁判中与社会同步前进，但也存在适应社会发展的种种特殊困难：先例中的智慧可能无法解决新问题；社会发展的速度可能超出法院的负载能力；社会公益事项可能因个人激励不足而无法进入法院；先例体系在历史进程中可能形成难以扭转的“路径依赖”。在“二战”后新的时代氛围之下，“新自然法学”试图重新引入法律的道德性，“过程学派”从正当法律程序的角度倡导法治，“法与社会研究”强调法律促进社会发展的能动作用，庞德的社会法学也重获青睐，作为“运动”的法律现实主义走到了尽头。

然而，现实主义已经深入美国的法律实践与教育：形式主义法律推理被彻底颠覆，“法官造法”得到广泛承认；制定法开始变得细致准确，形成既不像“新政”前那样模糊含混，又不像欧陆那样复杂抽象的美国风格；“案例教学法”的垄断被打破，涵盖政治学、经济学、社会学的各种综合法律学科产生，“法律诊所”等法律实践课程涌现。① 更重要的是，现实主义在美国法律思想领域继续产生着深远影响。“二战”后长盛不衰的“经济分析法学”，用市场竞争模型揭示法律和政策形成的政治过程，体现了现实主义关注实际法律运行的理念；用成本—收益模型评估法律制定和司法裁判的合理性，从经济学角度因循了抽象规则应当符合具体实践的现实主义方法论。② 随着 20 世纪 60 年代前后反战运动、黑人民权运动和新左派运动的展开，“批判法学”在美国蓬勃发展，批判法学家延续了对司法形式主义导致“法律确定性”丧失的思考，并进一步把法律的不确定归咎于法律与政治的紧密关联；后继的“女权主义法学”和“种族批判法学”，将批判的矛头从笼统的资本主义社会结构转向潜藏其中的父权制和种族主义，也吸收了抽象规则在不同“类型情境”下呈现不同“情境意义”的现实主义观点。③ 20 世纪七八十年代，应对批判法学引发的法律信任危机，又出现了试图调和程序正义与实质正

---

① 参见许庆坤：《重读美国法律现实主义》，载《比较法研究》2007 年第 4 期。吕世伦、付池斌：《现实主义法学对美国法学教育的影响》，载《东岳论丛》2006 年第 2 期。

② 参见李文华、李相波：《经济分析法学评介》，载《河北法学》2000 年第 1 期。

③ 参见朱景文：《对西方法律传统的挑战——美国批判法律研究运动》，中国检察出版社 1996 年版；John Hasnas, *Back To The Future: From Critical Legal Studies Forward To Legal Realism*, 45 Duke L. J. (1995), p. 84 - 132.

义的“新公法运动”。新公法思想既不赞成私法优先的“洛克纳主义”，也不同意公法优先的“新政”理念，而是否定公私法分界，主张平等原则在法律领域中的全面实现，这也符合现实主义的反概念主义思维模式。[①] 总而言之，在今日美国的法律实践、法律教育、法律思想中，随处可见现实主义的身影，难怪卡尔曼和辛格等美国学者会说：“如今，我们都成了现实主义者。”[②]

回顾美国法律现实主义的兴衰，客观分析其理论得失，为当代中国法学研究的发展提供了重要启示：

第一，兼顾法的事实性与规范性。现实主义不轻信“纸上规则”的言辞，重视法律运作在“名”“实”间的差异，正确地强调了法的“实然”层面；将法律与“权利”“秩序”“利益”等价值观念严格区分，也符合现代法独立于道德、伦理、宗教等外部规范的实证化趋势，有助于理解法律的事实性。但是，法律内在的“应然”层面同样不容忽视，各种具有规范性的法律原则尤

---

① 尽管批判法学家认为，新公法的右翼回归一种“新形式主义”，简单适用平等保护原则；左翼“政策分析”通过操作性处理，掩盖法律的政治性；但二者都已走出对法律体系独立性的偏执，试图把握法律自治与开放的张力。参见 William N. Eskridge & Gray Peller, *The New Public Law Movement: Moderation as a Postmodern Cult-ural Form*, 89 Michigan L. Rev. (1991), p. 707 – 791；［美］邓肯·肯尼迪：《法律与法律思想的三次全球化：1850—2000》，高鸿钧译，载《清华法治论衡》（第 12 辑），清华大学出版社 2009 年版，第 106 ~ 107 页；See Thomas C. Grey, *The New Formalism*, Stanford Public Law and Legal Theory Working Paper Series (1999).

② Laura Kalman, *Legal realism at Yale 1927 – 1960*, The University of North Carolina Press, 1986, p. 229; Joseph William Singer, *Legal Realism Now*, 76 Cal. L. Rev. (1988), p. 467.

其是宪法基本原则，既为公民合法权利提供了最终保障，也对专制和“多数人暴政”作出了根本限制，是法律研究必须坚守的维度。

第二，保持法与社会互动关系的平衡。现实主义者反对将法律视为独立于社会的封闭体系，有力地批判了形式主义的“法律科学”，同时又持渐进改良主义的法律发展观，不赞成用法律作为乌托邦式社会改革的工具，对合理把握法与社会关系进行了自己的尝试，成一家之言。但他们同样没有保持二者间互动关系的平衡，集中表现为单方面要求法律服从社会实践，忽略了法对社会的重塑和促进作用。如何使法律规范既符合现实的需要，又能够充当现实的有效指引，是应当继续研究的重大课题。

第三，维系法律稳定与法律发展间的张力。现实主义者都试图解决普通法的确定性危机，但一方面，通过完全照搬社会实践的“真实规则”实现司法“可估量性”，从正当性和可行性角度看都存有疑问；另一方面，强调法律发展的绝对价值，将法律确定性说成毫无意义的“神话”，也忽略了稳定的法律乃是维持现代社会交往所必须。因此法律研究的重要目标之一，就是探索一条能够维系法律稳定与法律发展间张力的理论路径。

第四，“微观”与“宏观”法律研究相结合。出于对抽象概念和理论的极度不信任，现实主义者都聚焦“微观”法律现象，尤其是当时当地的具体法律实践。这种研究方法有助于从技术角度暂时解决某些现实问题，但既没有系统性，无法对整个法律体系进行批判的审视和融贯的重构；也缺乏法律史和比较法眼光，不能把握法律的普遍规律性与历史发展趋势。只有将“微观”和“宏观”的法律研究相结合，才能通过不断的相互印证和相互检验，发展出一种基础牢固的法律科学。

附录二

“规则怀疑论”究竟怀疑什么？

——法律神话揭秘者的秘密*

一、对“规则怀疑论”的两种误读

20世纪二三十年代，一群美国法律精英宣称要揭开“法律神话”的面纱。据说，他们断言法律不是白纸黑字的规则，而是官员的行动；司法裁判不由规则决定，而由法官的个性决定；法学的功能不在于引导裁判，而在于对先定结果加以事后论证。他们是以叛逆精神著称的法律现实主义者，其“规则怀疑论”甫一登场，便赢得广泛支持。当时的美国人，似乎并不在乎他们的烦琐论证，只是从中模糊地懂得：规则并非神圣之物，不仅可以改变，而且一直被法官的实际行动所改变。在那个被“一战”惊醒了进步迷梦，被经济危机戳穿了市场谎言的时代，在那个亟须改

---

* 原载《华东政法大学学报》2014年第6期，有改动。

变的时代，这么点含混的观念似已足够。

但当变革的热情渐渐平息，这种“哗众取宠”之辞就遭到了质疑。人们没有忘记，在1930年出版的《荆棘丛》中，法律现实主义的领军人物和“规则怀疑论”的始作俑者卢埃林曾经说过：“官员关于争端所做的，在我看来，就是法律本身”；“规则之所以重要，仅仅因为它帮助我们了解或预测法官将做什么事，或者帮助我们促使法官做什么事。”① 对于普通读者而言，这些论述的意思十分明确：卢埃林为法律下了一个荒诞的定义，这个定义与白纸黑字的规则没有任何关系；在他眼里，不论是预先由立法机关制定的规则，还是由法院明确表述的规则都不属于法律，法律只是官员的行动或者对官员行动的预测。

在《法律的概念》一书中，著名的新分析法学家哈特也指出，从上述“法律定义”出发，必然得出两个荒谬的推论：第一，如果法律不过是官员的行动，那么不仅不能说，“按照法律，某法院的某判决是错误的”；而且，“上级法院根据法律否决下级法院的判决”，同样纯属胡言乱语。第二，如果法律不过是官员的行动，那么，当一名法官寻找可适用于个案的法律时，就只能

① K. N. Llewellyn, *The Bramble Bush*: *On Our Law and Its Study*, New York: Oceana Publications, 1960, p. 12, 14.

不合情理地问自己，“我将会如何判决？”① 这两个推论表明，现实主义者不仅扭曲了普通人的法律常识，而且冒犯了法律共同体的专业知识。

与西方的批评者不同，当代的中国研究者却尝试对法律现实主义做“同情的理解”。他们回顾北美 13 州发动独立战争，从政治上脱离英王的历史，回顾 20 世纪初的美国，工业发展欣欣向荣，社会进程日新月异的历史，回顾“自由资本主义”向“垄断资本主义”过渡，“自由放任市场”失败和“罗斯福新政”出台的历史，指出现实主义者是适时而生的“叛逆者”和“反传统”的斗士；为了配合“新政”，他们要卸下英王的法律包袱，卸下马车时代的法律包袱，更要卸下自由放任时期的法律包袱。尽管他们发表了一些过激的言论，但是所有真正的社会变革，都需要一点矫枉过正；在此背景下，过时的规则，当然不必承认为法律，保守的法官，当然要斥之以恣意、僵化的法学，当然应该被撕下面具。②

---

① 相关分析，参见 Brian Leiter, *Legal Realism and Legal Positivism Reconsidered*, 111 Ethics, 2001, p. 290。哈特认为“规则预测论”无法说明法官眼中的法律，并强调了依据规则评判司法裁判的可能性。参见［英］哈特：《法律的概念》，张文显、郑成良等译，中国大百科全书出版社 1996 年版，第 106、145 页。

② 对法律现实主义运动历史背景的分析，参见于晓艺：《反传统的美国法律现实主义》，载《中国海洋大学学报（社会科学版）》2011 年第 2 期；许庆坤：《重读美国法律现实主义》，载《比较法研究》2007 年第 4 期；周赟：《现实主义法学批判》，载《东岳论丛》2006 年第 1 期；刘翀：《现实主义法学的批判与建构》，载《法律科学》2009 年第 5 期。

问题在于，如果法律现实主义者只是反对法律的教条僵化，宣扬法律应当适应社会发展的真理，为何当年要与胸怀同样目标的社会学法学家庞德展开论辩？这样一个对法律理论和法律实务都有深入理解，对美国社会和法律发展勇于担当的群体，仅仅为了推进法律改革，有什么必要非得诋毁规则、丑化法官乃至解构法学？① 果真如此“叛逆”，在后来的岁月里，他们又如何能够成为出色的律师、优秀的法官和称职的法典起草人？②

新分析法学对“规则怀疑论”的轻易解构是值得商榷的，那等同于对法律现实主义的解构，进而解构了普通法上的一个重要

---

① 赫尔认为，美国卡尔·卢埃林与罗斯科·庞德因两起事件分道扬镳，并最终展开论战：一是共同介入1927年轰动全美的马萨诸塞州“萨科和万泽提案”，二是1930年前后共同写作《社会科学百科全书》的“契约法”词条。前一事件让卡尔·卢埃林反感罗斯科·庞德在政治上的过度谨慎，后一事件发生了多次沟通问题，并且罗斯科·庞德在合作期间写作了批评法律现实主义的《现实主义法学的呼唤》一文（Pound, *The Call for a Realist Jurisprudence*, 44 Harvard Law Review, 1931, p. 697 – 707），经常与之通信的卡尔·卢埃林却毫不知情，这使他感觉受到了“背叛”。See N. E. H Hull, *Reconstructing the Origins of Realistic Jurisprudence: a Prequel to the Llewellyn-Pound Exchange over Legal Realism*, Duke Law Journal, 1989（5）, p. 1302 – 1334. 这一“史前史”考证依据充分，但低估了卡尔·卢埃林与罗斯科·庞德的理论分歧，因此也无法回答本文提出的问题。参见陆宇峰：《美国法律现实主义：内容、兴衰及其影响》，载《清华法学》2012年第6期。

② 在法律现实主义运动的代表人物中，杰罗姆·弗兰克长期从事律师业务，曾任联邦证券与交易委员会主席，美国第二巡回区上诉法官；卡尔·卢埃林是《美国统一商法典》的主要起草人；图尔曼·阿诺德则是纽约州一家著名律师所的创始人。参见付池斌：《现实主义法学》，法律出版社2005年版，第104、116页；Brian Leiter, *American Legal Realism*, in Martin P. Golding & William A. Edmundson eds., The Blackwell Guide to Philosophy of Law and Legal Theory, Oxford: Blackwell, 2003, p. 3。

法学时代。中国研究者以“新政”摇旗者的革新姿态打扮现实主义者也是值得商榷的，这种解读路径不仅事实基础薄弱，而且顶多说明现实主义者的政治功绩抵销了学术谬误。① 本文的讨论将表明，两种判断都既不够忠实于现实主义者留下的经典著作，也没有联系他们的学术旨趣和实践传统，理解他们怀疑“规则”的真实意图，这从根本上造成了误读。为此，笔者将重新深入文本，在回应上述两种判断的同时，探讨“规则怀疑论究竟怀疑什么?”今天，这个问题已经成为法律神话揭秘者们的秘密了。

二、现实主义者“定义”过法律吗?

哈特的批评与普通读者的直觉一致：“规则怀疑论”的荒谬性，在于它绕开白纸黑字的规则，错误地定义了“法律”。但事实上，卢埃林从未“定义”过法律，更没有把法律“定义”成“官员的行动或对官员行动的预测”。

在被视为法律现实主义运动宣言的《现实主义法学——下一步》中，卢埃林开门见山地指出了“定义”法律的困难：“‘法律’的概念可能包含太多非常不同的内容，要为这些内容找到一

① 推宁认为，夸大现实主义法学的政治方面容易造成误解。在法律现实主义运动的形成阶段，其成员并无共同的政治利害关系；除了“新政”时期，多数现实主义法学著作并未直接谈到国家政治或意识形态问题；并非所有的现实主义法学家都是“新政”支持者；具体而言，卡尔·卢埃林也没有什么一贯的政治信仰和政治态度。参见 William Twining, *Talk about Realism*, 60 New York University Law Review, 1985, p. 355 - 359。

种表面上的共同点都很困难，更遑论加以定义了。”同时他也看到，“定义”方法本身存在不可回避的缺陷，每个定义都划定一片领域，有些内容囊括其内，有些内容排除其外，而排除总是专断的——“法律像生活一样宽广”，他“不准备从法律的事务中排除任何东西”。因此，卢埃林法律研究的出发点，恰不是为法律下“定义”；相反，既然定义方法的缺陷根源于试图描述事物的“边际”，那么能够取而代之的，就应该是找寻事物的“中心”。所有法律事务都有一个绕不开的中心——“官员的行动”。① “法律即为官员行动”这个引起了诸多误解与攻击的命题，最早的出处就在这里，与法律的定义毫无关系。

法律现实主义的当代研究者布莱恩·赖特也明确表示：“现实主义者们都不是哲学家，更谈不上分析哲学家，他们在法律的概念方面，没有任何明晰的东西。”② 追根溯源，卢埃林等人的“规则怀疑论”，明显受到霍姆斯《法律的道路》启发。确实，在1897年这次名留青史的演讲中，这位美国历史上最伟大的法官曾说：“所谓法律，就是对法院实际上将会作出什么的预言，而绝非其他矫饰浮夸之辞。”③ 但赖特敏锐地指出，霍姆斯的这种论断

① See, Karl N. Llewellyn, *A Realistic Jurisprudence—The Next Step*, 30 Columbia Law Review, 1930, p. 431 –465.

② Brian Leiter, *Legal Realism and Legal Positivism Reconsidered*, 111 Ethics, 2001, p. 291.

③ Oliver W. Holmes, Jr., *The Path of the Law*, 10 Harvard Law Review, 1897, p. 459.

是有前提的，他的演讲开篇就暗示，自己讨论的是法律对于律师的意义，他们“将在法官面前出庭，或向人们提出建议，使其避免诉讼”①。在赖特看来，令现实主义者备受指责的所谓法律“定义”，也不过是“法律”一词的霍姆斯式用法罢了。

在《荆棘丛》1951年修订版中，卢埃林满腹委屈地为自己遭受的误会辩护，抱怨批评者没有全面阅读自己的著作，就掀起一场“茶壶里的暴风雨”;② 在《法与现代心智》中，杰罗姆·弗兰克也提醒读者，“何为‘法律’（the law）? 完整的定义不可能存在，甚至一个有效的定义也将耗尽读者的耐心”;③ 到了《初审法院》，弗兰克甚至干脆声称要“避免使用‘法律’这个词”④。正如卢埃林的学生、英国当代著名法学家推宁所说，法律现实主义者几乎不关注传统法理学的主要问题，比如法律是什么? 正义是什么? 法与道德的关系如何?⑤ 现实主义者只想追问：对于一起诉讼的原告来说，难道纸上谈兵的“权利”比法官是否支持他

---

① Oliver W. Holmes, Jr., *The Path of the Law*, 10 Harvard Law Review, 1897, p. 457.

② 参见刘剑：《“规则怀疑论者”的规则观——评卡尔·卢埃林的〈荆棘丛〉》，载《社会科学论坛》2002年第2期；孙新强：《卢埃林现实主义法理学思想》，载《法制与社会发展》2009年第4期。

③ Jerome Frank, *Law and the Modern Mind*, Gloucester, Mass: Peter Smith, 1970, p. 47.

④ [美] 杰罗姆·弗兰克：《初审法院——美国司法中的神话与现实》，赵承寿译，中国政法大学出版社2007年版，第3页。

⑤ See William Twining, *Talk about Realism*, 60 New York University Law Review, 1985, p. 333 – 347.

的诉讼请求更重要吗?对于一位头脑清醒的律师来说,难道他更关心先例中的“规则”,胜过本案法官将会作出的裁判吗?理解了现实主义者这种不甚严谨的术语使用方式,他们的论断就一点也不荒谬,倒是哈特的“两个推论”显得过于咬文嚼字了。

普通读者对“规则怀疑论”的误解,可能出于阅读文本时的断章取义;而哈特犯下这样的错误,则更可能出于方法论层面的原因。这位深得语言分析方法精髓的法学家,以为自己所关心的“法律的概念”问题,也是其他学者所关心的问题;以为自己所使用的语言分析方法,也是其他学者明里暗里必然要使用的方法。有意无意之间,他“选择性遗忘”了现实主义者“不听其言只观其行”的现实主义立场,不作“语言分析”只作“行为分析”的现实主义方法。这就注定了一个失去准心的“批评”,一场自说自话的“对话”。

三、“规则”的两项真正“罪状”

现实主义者从未试图将“规则”排除出“法律”的概念之外,对他们来说,“规则”的真正“罪状”在于两个问题:从法学研究层面来看,规则这个术语含义模糊,不适合作为法律思考的中心;从法律实践层面来看,不论是在判例法还是在制定法中,法官都不可能依据纸上的规则,通过三段论式的逻辑演绎,获得特定个案的唯一正解。

作为素有人类学造诣的法学家,卢埃林曾经详细考察“规则”的观念史：第一个阶段，亦即初民社会，规则仅仅意味着“救济措施”（remedies），人们不问“为什么”能够获得救济，只关心在什么样的情况下，以什么样的方式，能够“实际地”获得法庭的帮助。第二个阶段，亦即权利哲学产生之后，人们逐渐相信救济的目的不在于救济本身，而在于保护名曰“权利”或者“主观权利”的虚幻之物。这样一来，权利与规则就成为一个铜板的两面：如果一条规则有利于某人，他就拥有一项权利；如果某人拥有一项权利，也可以理解为存在一条规则，给予他该权利所暗示的好处。第三个阶段，亦即耶林“利益法学”以降，“权利”也不复为自在之物——就像维护“权利”乃是实施救济的目的一样，实现“利益”（interests）如今成为主张“权利”的目的，规则由此又与“利益”纠缠不清。

卢埃林进一步分析道：首先，自从“权利”取代“救济”成为规则的内涵，规则与法律实践就发生了分离。与救济所描述的实然状态不同，权利勾勒了一种应然的秩序。只要某人拥有一项权利，即便他从未加以行使，或者在权利受侵害时，未曾实际获得法院救济，人们还是说他拥有这项权利。这种法律思考方式相当危险，因为权利无关实实在在的“行为”，只是一套没有在生活中加以验证的“言辞”。其次，一旦将言辞当作法律思考的中心，就不可避免会产生简化和体系化的倾向，以便掩盖各种抽象原理之间的内在矛盾，而当“right”（权利）一词隐蔽地引入了“rightness”（公正）的观念时，就连那些不期而至的理论矛盾也凭空消失了。这样，在不断简化和体系化的过程中，想象与现实之间的距离就越来越远。最后，“利益”与规则的纠缠，是在本已无力描述法院实际行动的“权利”秩序之中，又掺杂了各种难以达成具体共识的社会因素，必然导致“规则”一词的使用更加混乱不堪。法律思考若以这样的“规则”作为焦点，就难免与现实的法律运作完全脱节。

正是由于法学家笔下的“规则”远离法律实践，实然与应然混杂，又充斥着理想性的简化，因此卢埃林坚决主张：规则不适合作为法律思考的工具，法律研究应当从法官的实际行为入手。但他同时又澄清道，倡导对法官的行为而非其声明的规则予以关注，并不是说这些规则对他们的实际行为没有任何影响；也并非否认，规则有时可能对法官的实际行为作出非常准确的描述。他只是要求学者进行客观的检验：规则与裁判实践何时相符合，何时相偏离？有多少符合，多少偏离？如何发生符合，如何形成偏离？从规则出发无法进行这样的检验，只有客观地观察法官的行为，才能真正把握法律运作的复杂现实。①

然而，规则的“罪状”还不只是误导法律思考。更严重的问题在于：以规则作为大前提，以确定的事实作为小前提，并不能得出唯一确定的裁判结果。换言之，规则并非司法裁判的决定因素，传统的法律推理存在方向性的错误。这一判断，是“规则怀

① 卡尔·卢埃林的以上论证，参见 Karl N. Llewellyn, *A Realistic Jurisprudence—The Next Step*, 30 Columbia Law Review, 1930, p. 431 - 465。

疑论”从功能角度提出的更有分量的“怀疑”，也是其核心理论命题。卢埃林区分“纸上规则”（paper rule）与“真实规则”（real rule），就是为了解构抽象规则与司法裁判之间的决定性关系。这一区分与庞德对“书本上的法律”（law in book）和“行动中的法律”（law in action）的区分异曲同工，① 但又存在重要的差异：尽管二者都将批判矛头对准了兰德尔及其称霸美国法学50年的“法律形式主义”，② 但在庞德看来，“书本上的法律”的主要缺陷在于教条僵化，无法在变迁社会中实现良好的社会控制，其攻击目标是法律形式主义的一条教义——形式法构成了自足完整的静态封闭体系；而卢埃林所谓“纸上规则”，攻击目标则是法律形式主义的另一条教义——借助三段论式的逻辑演绎，形式法可以为案件裁判提供唯一正确的答案。庞德的关注重点，不在于“书本上的法律”是否“真”法律，是否决定司法裁判，而在于它们是否“好”法律，是否符合社会发展的要求；卢埃林则强调，“纸上规则”的好坏可以不论，因为它是“假”法律，没有对法官的行动提供充分指引或者施加足够限制。在卢埃林看

① See Roscoe Pound, *Law in Book and Law in Action*, 44 The American Law Review, 1910, p. 15; Karl N. Llewellyn, *A Realistic Jurisprudence—The Next Step*, 30 Columbia Law Review, 1930, p. 447 –453.

② “兰德尔法律教义的中心就是把法律看作一种科学，‘图书馆就是教授和学生们真正的工厂，它对我们的意义就如同大学实验室对化学家和物理学家、自然历史博物馆对动物学家、植物园对植物学家的意义一样’，借助科学的方法，律师们可以从一些基础性的原则、概念中推演出正确的法律裁决。”参见柯岚：《法律方法中的形式主义与反形式主义》，载《法律科学》2007 年第 2 期。

来，认真观察司法行为的实际就会懂得，“纸上规则只是一套复杂的实践、观念和制度中的一个因素”，不是说它百无一用，而是必须放在大背景下使用。①

在《法与现代心智》中，现实主义的另一代表人物弗兰克，曾颇具误导性地提出“法律不确定性”命题，其真实用意同样是否认“纸上规则”与裁判结果的决定性关系。他引述大量案例，证明在不同时期，法院依据同样的事实和规则得出了迥异的裁判结果。但他并未对此作出负面评价，反而强调事实与规则的脱钩状态“具有巨大的社会价值”，“适应于不断变化的社会现实、产业和政治条件”②。他的想法十分朴素：当社会发展迅速时，既然规则的变化跟不上社会的脚步，放任法律实践摆脱束缚反倒是好事。如果说庞德主张缩小“书本上的法律”和“行动中的法律”之差异，使法律适应社会发展，那么弗兰克则认为，庞德的方案完全是南辕北辙，因为法院裁判根本不由“书本上的法律”决定。有鉴于此，弗兰克进一步批评庞德游移不定，没有一以贯之地反对“机械法学”和司法“自动售货机”理论，而是要求人们“学会分割法律秩序的两个领域”：一个领域涉及“财产”和“商业交易”案件，法院对此“据法裁判”（justice according to

---

① See Karl N. Llewellyn, *A Realistic Jurisprudence—The Next Step*, 30 Columbia Law Review, 1930, p. 452–453.

② Jerome Frank, *Law and the Modern Mind*, Gloucester, Mass: Peter Smith, 1970, p. 7.

law)，使用“公正的自动售货机”；另一个领域涉及“人类行为”问题或者与“企业行为”相关的欺诈、善意、疏忽、信托责任案件，法院对此“不据法裁判”（justice without law），使用“彻底的非机械方法”。前一个法律领域中，纸上规则和演绎逻辑是可靠的，由此作出的司法裁判是确定的；后一个法律领域中，情况则截然相反。弗兰克质疑“两种法律领域”的可分割性，认为庞德在讨伐“法官不制定法律”教条的同时又试图加以维护，在解构纸上规则的道路上半途而废。[①]

这就提出了一个反常识的问题：白纸黑字的规则如何可能被法律实践束之高阁？“规则怀疑论”认为，直接原因在于“纸上规则”的巨大解释空间。卢埃林将先例的原理比作杰纳斯的两张脸——存在两套彼此冲突的原理，一套旨在去除棘手的先例，另一套旨在利用有所助益的先例。[②] 具言之，先例既可以被“严格地”解释，也可以被“模糊地”解释，其中任何一种解释都具有合理性：当法官使用严格解释时，会将先例中的规则关联于先例中的特定事实，从而拒绝在当前案件中援引；当法官进行模糊解释时，则会将特定的事实普遍化，将该先例视为某种一般性规则

① See Roscoe Pound, *Justice According to Law*, 13 Columbia Law Review, 1913, p. 696 - 713; Jerome Frank, *Law and the Modern Mind*, Gloucester, Mass: Peter Smith, 1970, p. 221 - 231.

② 杰纳斯是古罗马的守护神，头部前后各有一张脸。

的象征，从而在当前案件中予以援引。①

判例法既是如此，制定法亦不例外。“如果立法机构通过了制定法，法院就要受这些制定法的约束。但是，制定法仍然是规则，是书本上的言辞”②。首先，尽管判例法似乎比制定法更具有任意性——判例法“向后看”，根据当下个案创制规则；制定法“向前看”，超越具体个案作出规定。但相较于判例法与个案情境的紧密联系，抽象的制定法语言更具概括性；当前个案是否属于某一制定法规则的范畴，实际上更依赖于法官的判断。其次，法院对制定法的解释，同样采用了相互矛盾的标准，如“一条成文法不能超越其文本”，又如“为了实现立法目的，一条成文法必须超越文本而实施”。③ 最后，在美国这样一个判例法主导的国家，制定法的立法技术和体系性都一度远远落后于欧陆，需要参照普通法的背景加以适用。在这个适用过程中，即便对制定法不存偏见的法官，也完全有必要重塑甚至改造规则。

---

① See K. N. Llewellyn, *The Bramble Bush: On Our Law and Its Study*, New York: Oceana Publications, 1960, p. 68.

② See K. N. Llewellyn, *The Bramble Bush: On Our Law and Its Study*, New York: Oceana Publications, 1960, p. 90.

③ K. N. Llewellyn, *The Bramble Bush: On Our Law and Its Study*, New York: Oceana Publications, 1960, p. 78 – 81; Karl Llewellyn, *Remarks on the Theory of Appellate Decision and the Rules and Canons about How Statutes Are to Be Construed*, 3 Vanderbilt Law Review, 1950, p. 399.

四、作为谎言和神话的"规则"

法律现实主义者宣判了规则的两大"罪状"，其中第一条（"规则"含义混乱、脱离实际）倒还只是关乎学术研究，第二条却牵扯到一个严峻的实践问题：如果"纸上规则"不能维持司法裁判的确定性，那么其实践意义何在？在这一前提下，为何司法裁判仍然要诉诸"纸上规则"，为何司法论证仍然要庄严地予以援引？

弗兰克的答案是：为了编织所有人都愿意相信的谎言。对于法官来说，在一个法治已然成为信条的社会，隐藏起个人的"自由裁量"是必要的；而普通人出于儿童般的非理性心理，一直不切实际地希求可控的世界和"父亲"的替代品，因此也愿意相信司法裁判的确定性。如果揭下"纸上规则"这张面具，"将使法院溯及既往地进行法律制定这个事实，令人痛苦地太过清晰"，"法律不可预料地被改变这一事实，将变得太过明显、令人不快"①。这些略显夸张的说辞都反映出，"纸上规则"没有在裁判过程中起作用，只是充当了将裁判结果"合法化"的手段，以此满足所有人对"法律神话"自欺欺人的信仰；也就是说，作为施骗者的法官和作为受骗者的外行，你情我愿地"合谋"了一个"骗局"。

---

① Jerome Frank, *Law and the Modern Mind*, Gloucester, Mass: Peter Smith, 1970, p. 14 – 23, 29.

哈奇森法官的“经验之谈”应证了弗兰克的看法。他这样描述自己遇到疑难案件时的做法：“在细查所有可得文献，确实加以慎重考虑，放任自己的想像力尽情奔驰并对原因加以深思后，我静待一种感觉，一种直觉，也就是顿悟式地灵光一闪，让自己从问题直接跳到结论。就在那一点上，原本晦涩不明的路途也随之大放光明……”换言之，法官判案实际上凭借感情和预感，只有撰写判决意见时，才运用推理；而所谓判决意见，不过是对判决的“自我证明”罢了，目的在于掩人耳目——“通过批评者的检验”。①

现实主义的另一重要理论家图尔曼·阿诺德也持类似见解。他比较了现代人对于三种裁判者的不同态度：第一种是坐在法庭上的法官。在大众眼中，他们的决定往往是正确的，如果有错误，则是由立法或者先例的错误造成的，或者是不幸但无可避免的，因为没有任何人类制度堪称完美。第二种是坐在办事处的官员。在大众眼中，他们如果做错了任何事，只能责怪他们自己，因为他们本来有权理性行事，却听命于文件；而如果他们作出了正确决定，也没有什么可以保证下次仍会如此。第三种是坐在委员会里的仲裁者。大众对这些人的态度介于法官和官员之间，因

---

① See Joseph C. Hutcheson, *The Judgment Intuitive*: *The Function of the* “*Hunch*” *in Judicial Decisions*, 14 Cornell Law Quarterly, 1929, p. 274 – 288.

为他们兼有立法、司法和行政三种职能。① 在这样的比较之后，他发人深省地问道：同样是处理纠纷的裁判者，为什么人们的态度如此迥异？卢埃林曾经指出，法律研究应当观察所有解决纠纷的官员的行动；阿诺德的比较则揭示出，不同官员的行动被赋予了不同的意义，其中，法官的行动被神化了。

阿诺德对这一现象的解释是：形式主义的"法律科学"编织了名曰"实体法"的准宗教教义，法院作为其唯一代言人，接受信众的顶礼膜拜。法律科学认为，实体法与程序既相区别又相联系：一方面，实体法是"神圣的、基本的……永远不需要改革，因为通过逻辑分析总能发现其原则"，而程序"纯属实践性的，总是需要根据实践的细节，而非逻辑加以改变"；另一方面，实体法作为永恒的"法律"，依靠人为的程序加以执行。法官之所以独享尊崇，就是因为在众多官员中，唯有他们主要诉诸"实体法"这种"法律"。但阿诺德同时又强调，实体法与程序的上述区别和联系仅仅是一种想象，因为任何原理都既可以视为程序和可讨论的问题，也可以视为实体法和不可讨论的原则。例如，从实体法角度来看，如何在买卖双方之间分配火灾造成的货损，取决于"所有权"何时转移，所有权何时转移取决于当事人的"意图"，当事人意图又取决于某种推定。但当事人当时可能根本没有"意图"，既没有考虑过"所有权"，也没有想到火灾和货损。

① See Thurman Arnold, *The Role of Substantive Law and Procedure in the Legal Process*, 45 Harvard Law Review, 1932, p. 624 – 629.

而从程序角度来看，这个问题就无非涉及法庭与陪审团的权力分配罢了。要言之，“实体法是被封圣的程序，程序是脱下圣袍的实体法”；人为区分二者并以“法律科学”之名包装前者，只是为了迎合现代人对“法治”的崇尚。①

阿诺德还进一步指出，在现代社会，唯一可以与古代教会的庞大研究群体相比拟的，就是法律研究者群体。在普通法国家，这个群体通过不断重述先例中的“法律”，构建“实体法”的完美体系。而所谓“重述”，既是为了减少矛盾的规则、边缘性的案件，不断将特殊性涵括进普遍理论的过程；也是忽略大量规则和案件，以形成逻辑一致的原则体系的过程。这套体系形式上极端复杂，实质上极度简化。因其极端复杂，故为法院威望之所系，不仅普通人不得妄评，就连政治权威也不得置喙。因其极度简化，它又只能是法官的“剧本”来源，为法官提供富有感染力的台词。是故，整个司法运作无非一场戏剧表演，需要充分发挥教化效果和艺术效果，目的在于使人们不怀疑，法律对行为提供着指引，依法律而行即可免于纠纷；法律对纠纷的处理结果具有确定性，因而具有正当性。②

综上所述，众多法律现实主义者们都相信，与人们的普遍理

① See Thurman Arnold, *The Role of Substantive Law and Procedure in the Legal Process*, 45 Harvard Law Review, 1932, p. 642 – 645.

② See Thurman Arnold, *The Role of Substantive Law and Procedure in the Legal Process*, 45 Harvard Law Review, 1932, p. 631 – 633, 646 – 647.

解不同，规则、规则体系以及“法律科学”并未在司法裁判的过程中发挥重要作用，更谈不上决定了司法裁判的结果。法律形式主义编织和维护这个神话的根本目的，在于掩盖法官的造法行为。

五、揭秘者的秘密

如此说来，“规则怀疑论”似乎揭发了一个骗局，法院借此维系自身的权威和判决的正当性。但“规则怀疑论”者同时又承认，法院只有迎合普通人对于规则的绝对尊崇、对于“法律确定性”的盲目信仰，才能使普通人感受到法律“支配”着整个社会的一切行为，避免他们惊慌失措、陷入无序。从这个角度讲，形式主义法学家不是为了一己私利，他们所言乃是柏拉图所谓“高贵的谎言”。既然如此，法律现实主义者为何一定要戳穿这个谎言呢？

杰罗姆·弗兰克的态度比较容易解释。他是民主制度的坚定支持者，称柏拉图为“憎恨民主政体的极权主义者”，反对把民众当作“小孩似的”加以欺骗甚至愚弄。[①] 他的作品总是近乎残忍地要求人们丢掉幻想，去适应冷酷的现实世界，认为这才符合“现代心智”。他并不觉得这种启蒙会造成什么负面效果，恰恰相反，如果人们都沉浸在谎言编织的梦境里，那么残酷的现实就不

① ［美］杰罗姆·弗兰克：《初审法院——美国司法中的神话与现实》，赵承寿译，中国政法大学出版社 2007 年版，第 158 页。

会得到任何改变；法律的良性发展，无法从诉诸规则的伟大社会规划中突然产生，只能在一个个面向当下的谨慎裁判中渐进实现。他赞赏迪莫克对“法律安全”的质疑、沃泽尔对“法律确定性”的攻击，同时又批评他们试图向公众隐瞒真相：“神话的虚伪他们心知肚明，但是神话的迷人魅力仍在继续，而他们因此也尚未准备完全舍弃。”①

其他法律现实主义者却并无这种启蒙心态。阿诺德在解构了“实体法”和“法律科学”之后，没有将它们请下神坛，而是继续要它们为司法的“戏剧效果”提供保障。不仅如此，他还非常担忧随着法律原则数量和复杂程度的日益增长，通过“重述”简化和体系化法律的任何努力都将不再有用，从而威胁到“实体法”和“法律科学”的存在。他甚至积极地出谋划策：“唯一能阻止原理和先例之混乱的办法，就是将实体法视为理念和一般指导，与那些将其扭曲到如此复杂和困难情状的案例相隔离。”② 他高度评价英国的司法实践，因为“英格兰的法官同样运用实体法的观念，使自己获得威望，免于批评。但通过向初审法院转移权力，使上诉法院难于对各种原理加以书面运用，英格兰又将实体法原则与困扰他们的实际案例分离开来”。通过精巧的制度设计，

---

① Jerome Frank, *Law and the Modern Mind*, Gloucester, Mass: Peter Smith, 1970, p. 238 – 248, 251.

② Thurman Arnold, *The Role of Substantive Law and Procedure in the Legal Process*, 45 Harvard Law Review, 1932, p. 637.

在英格兰，实体法仅像“哲学指南”那样发挥作用，阿诺德对此大加赞叹。① 他相信司法戏剧的表演不能停止，实体法和法律科学的大厦不能崩塌，在此前提下，只有把这些本已脱离实际的、被神化的东西进一步架空，才能为普通法的精髓，亦即实事求是的司法实践腾出位置。

卢埃林同样煞费苦心。在1930年出版的首部著作《荆棘丛》中，他猛烈抨击了“纸上规则”支配司法实践、维持裁判确定性的学说；但在1960年出版的最后一部著作《普通法传统》中，他又为上诉法院司法裁判的“可估量性”竭力辩护。这种看似不可思议的转变背后，隐藏着一套一以贯之的现实主义理论：《荆棘丛》表明，由于诠释规则的方法缺乏统一性，拘泥于“纸上规则”的“程式化风格”的司法并不能实现可估量性；《普通法传统》则表明，司法裁判要获得较高程度的可估量性，唯有诉诸“真实规则”、具备“宏大风格”。这是由于秉持司法“宏大风格”的法官采用了现实主义的立场，充分考虑具体案件所处的“情境类型”，并引入人们共享的理性、常识和公平感。具体案件殊异多端，但在一定时期或者一定区域内，它们的“情境类型”却较为稳定；法官个人好恶不一而足，但同一情境中带有实用面向的自然理性却相对统一。这就决定了“宏大风格”之下创制和改进的规则，既可以得到普通人的理解和运用，又能够保障不同

① See Thurman Arnold, *The Role of Substantive Law and Procedure in the Legal Process*, 45 Harvard Law Review, 1932, p. 638 – 640.

法官作出大致相同的判决。[①] 在卢埃林看来，这种司法的“宏大风格”，才属于“普通法传统”。[②]

归根结底，在法律现实主义者“反传统”的表象背后，[③] 暗藏着对“普通法传统”温情脉脉的保守立场。的确，他们竭力批判的兰德尔法律形式主义与欧陆的概念法学异曲同工，[④] 而20世纪晚期抵制概念法学的欧陆“自由法运动”，也可能通过格雷、庞德、卡多佐等人对他们产生了一定影响。[⑤] 但这并不表明，美

① 持类似见解的现实主义者还很多，例如，奥利芬特例证道：买方与卖方之间的不竞争承诺一般都会被法院确认；而雇主与雇员之间的不竞争承诺，则通常不会被强制执行。时下盛行的“非正式商业规范”促成了这些不一致的结果。参见 Herman Oliphant, *A Return to Stare Decisis*, 14 American Bar Association Journal, 1927, p. 159。又如，穆尔也力图通过实证研究表明，各州在银行法领域的不同司法裁判，可以从当地的不同实践中获得解释。参见 Underhill Moore & Theodore Hope, Jr., *An Institutional Approach to the Law of Commercial Banking*, 38 Yale Law Journal, 1929, p. 703 – 719; Underhill Moore & Gilbert Sussman, *Legal and Institutional Methods Applied to the Debiting of Direct Discounts*, 40 Yale Law Journal, 1931, p. 1219 – 1972。

② 参见［美］卡尔·卢埃林：《普通法传统》，陈绪纲等译，中国政法大学出版社2002年版，第38～50页；刘剑：《可估量性：经由传统而实现的“神话”——评卡尔·卢埃林的〈普通法传统〉》，载《河北法学》2007年第1期。

③ 参见于晓艺：《反传统的美国法律现实主义》，载《中国海洋大学学报（社会科学版）》2011年第2期。实际上，在法律现实主义者看来，他们所反对的兰德尔法律形式主义，根本不是普通法的“传统”。

④ 也有学者认为，兰德尔的法律形式主义是英国实证主义法学和欧陆理性主义的混合，分别源于奥斯丁和笛卡尔。参见［美］斯蒂芬·M. 菲尔德曼：《从前现代主义到后现代主义的美国法律思想——一次思想航行》，李国庆译，中国政法大学出版社2005年版，第164～172页。

⑤ See Herget & James E. et al., *The German Free Movement as the Source of American Legal Realism*, 73 Virginia Law Review, 1987, p. 399 – 455.

国法学在从“自由资本主义”向“垄断资本主义”过渡的时代，再度选择了追随欧陆法学的脚步。恰恰相反，在法律现实主义者看来，法律形式主义的失败，就是欧陆理性模式的失败，更是普通法经验模式复兴的机会。19世纪以来，德国潘德克顿学派和法国注释法学派建构了宏大的法律体系，整个欧洲大陆展开了大规模的法典编纂；面对科学精神、理性态度和进步热情的日益高涨，从个案到个案的普通法成了蒙昧、愚钝、保守的代名词，以至于兰德尔希望“庞杂的判例法可以浓缩为类似几何学原理的少数法律基本原理”①。现在，这套号称完美的“科学”体系逐渐“原形毕露”，它是一堆最多可用做记忆机制的“先验的废话”，②不仅应当为美国法学沦为“机械法学”负责，而且应当为“洛克纳案”这样的美国司法污点负责；③ 一言以蔽之，应当给美国法学研究和司法实践回归“普通法传统”让位。

这才可以解释，最初向法律形式主义发起进攻的美国学者，为何并不令法律现实主义者真正满意。霍姆斯高喊“法律的生命

---

① 转引自许庆坤：《重读美国法律现实主义》，载《比较法研究》2007年第4期。

② See Felix S. Cohen, *Transcendental Nonsense and The Functional Approach*, 35 Columbia Law Review, 1935, p. 809 – 849.

③ 1905～1937年“洛克纳时代”美国联邦最高法院的“保守能动主义”及其后果，参见李桂林：《司法能动主义及其实行条件——基于美国司法能动主义的考察》，载《华东政法大学学报》2010年第1期。也有学者认为，“洛克纳时代”应当从1905年的“洛克纳诉纽约州案”往前追溯到1897年的“奥尔盖耶诉路易斯安那州案”。参见付瑶：《解读美国宪法史上的“洛克纳”时代（1897～1937年）》，载《中国法律》2012年第3期。

不是逻辑，而是经验”，却没有抨击法律概念和法律原则；[①] 庞德一面指出法律不是自足的体系，而是实现社会福利和正义的手段，一面仍然口口声声“法律规范”。[②] 如果仅是要反对法律形式主义，霍姆斯、庞德已经足够了；如果要反对“来自欧陆”的法律形式主义，则远远不够。“一战”摧毁了欧洲大陆，也摧毁了欧陆文明在美国人心中的崇高地位；[③] 与此同时，美国一方面仍然饱受机械僵化的“洛克纳式”司法之苦，另一方面却在战后迎

① 有学者认为：“兰德尔的思想开创性和理论分析能力，霍姆斯是十分赞赏的”，“霍姆斯从来没有认为逻辑和概念在裁决中是完全无用的，而是他的某些现实主义后继者们把他的观点极端化了”。参见柯岚：《法律方法中的形式主义与反形式主义》，载《法律科学》2007年第2期。更早的类似观点，参见 Thomas Grey, *The New Formalism*, Stanford Public Law and Legal Theory Working Paper Series, 1999, p. 3; Patrick J. Kelley & Holmes, *Langdell and Formalism*, 15 Ratio Juris, 2002, p. 26 – 51。

② 美国卡尔·卢埃林对美国罗斯科·庞德评价道：“‘社会学法学’还停留在大多数重要的社会学问题上，‘行动中的法’还只是一项提议，而对‘法律’中心问题的进一步探究却放在了‘规范’上，‘有效法律行为的限度’——一种明显是呼吁对（他称之为复杂的、非工业化的、部分城市化的和间接合作的社会的）习惯和控制方式进行研究的公式——被搁置一旁，没有研究与法律相关联的社会。”参见 Karl N. Llewellyn, *A Realistic Jurisprudence—The Next Step*, 30 Columbia Law Review, 1930, fn. 3。

③ 原因很多：首先，作为文明典范的德法等国竟然在两次工业革命之后再度陷入极度野蛮的杀戮，令美国人感到极度失望。其次，对德宣战后，美国国内展开了大量的“反德”宣传，从公共图书馆中清除德语书籍，禁止德语教学，借助《惩治煽动叛乱法案》严厉打压任何同情德国的言论和行为，由此营造了一种普遍的“仇德”社会氛围，许多美国人甚至主张绞死好战的德皇威廉二世。再次，战争使德法等国的工业水平倒退了10年，不再是值得羡慕的繁荣之地：德国割地赔款、元气大伤；法国尽管得到了阿尔萨斯、洛林和德国的一些海外殖民地，但由于巨额经济损失而沦为债务国。最后，赢得战争的法国在“巴黎和会”上不是像威尔逊美国一样期盼着和平，而是贪得无厌地希望瓜分战败国的领土、殖民地和矿产，这更让美国人感觉欧洲无可救药。

来了“柯立芝”繁荣，并通过“巴黎和会”和“金元外交”深度介入欧洲事务，走上了“大国崛起”之路。[①] 这种鲜明的对比，是美国法律现实主义运动最重要的背景之一，也无疑促使现实主义者们反思半个世纪以来对待欧陆法律实践和本国普通法传统的态度，进而迈出建构本土法学的第一步。

恰在这个时期，奥利芬特热烈颂扬“遵循先例”原则的“力量和安全性”，认为遵循先例原则不仅拒绝陷入宽泛的构思，能够对当下问题保持耐心，直到找到明智的解决办法；而且一步一个脚印地朝向未来，前进步伐虽小，却可以根据经验的指示不断修正。[②] 卢埃林更为明确地说，相比欧陆的法典法，普通法“在当事人的个别利益与对新法的社会需要之间，存在一种自动调合”，更能适应不断发展的政治、经济、文化条件。因为判例体系并非由单纯的概念、规则构成，由法学教授在书斋里构建，而是从实际的诉讼中发展出来的；哪里的社会实践需要新的法律，纠纷就会出现，受利益驱动的个人就会通过提起诉讼，推动法院解释和发展法律。富勒对此评价道：“英美的案例法体系完全符合他的喜好，符合他法律方法中的实用观念。不论结果如何邪

① 参见陆宇峰：《美国法律现实主义：内容、兴衰及其影响》，载《清华法学》2012年第6期。

② See Herman Oliphant, *A Return to Stare Decisis*, 14 American Bar Association Journal, 1927, p. 72 – 74.

恶，都不是由于这个体系本身，而是由于对它的概念主义滥用。”①

总而言之，按照法律现实主义的理解，普通法传统不仅强调了司法之于立法及其系统化的抽象成果——法典的非依附性，②而且其重心向来就不在于“规则”，而在于法官面向个案和面对现实的行动。③这种行动之所以一直展现出睿智的一面，就是因为从来不受抽象教条的束缚：遵循先例不是出于对规则的尊重，而是出于对先贤处理类似案件的智慧的尊重；当社会现实需要灵活裁判的时候，普通法法官自有一整套高超的技术，不动声色地规避先例、改造先例。④现实主义者深知，只有彻底解构“规则”这一欧陆法学的源代码，坚持经验理性的普通法传统才能免于覆亡，薪火相传；而充满自信地延续普通法传统，可能是 20 世纪

① Lon Fuller, *American Legal Realism*, 82 University of Pennsylvania Law Review, 1934, p. 438 -439.

② 这一点是现实主义法学与社会法学的共识，因此论者常常不对二者严格区分。参见严存生：《社会法学的司法观》，载《华东政法大学学报》2011 年第 2 期。

③ 即便是最为激进的美国杰罗姆·弗兰克，其“事实怀疑论”也旨在贬抑奉“规则普遍性”为圭臬的大陆法理念，张扬重视“个案特殊性”的普通法实践，为古老的普通法传统灌注新的生命。参见陆宇峰：《“事实怀疑论”的浅薄与深刻——弗兰克法律现实主义再解读》，载《江汉论坛》2014 年第 10 期。

④ 美国卡尔·卢埃林不厌其烦地列举了 64 种“无瑕疵的先例技巧”。参见［美］卡尔·卢埃林：《普通法传统》，陈绪纲等译，中国政法大学出版社 2002 年版，第 88 ~105 页。

的美国走出法学研究和法律实践困境的真正出路。[1] 说到底，“规则怀疑论”所怀疑的是：对于日益崛起的美国来说，大陆法系的理论与实践真的优于普通法系吗？

这正是法律神话揭秘者不为人知的秘密。

---

① 当时的美国同时面临“普通法危机”和“法律形式主义”两大困境。参见 Grant Gilmore, *Legal Realism*: *Its Cause and Cure*, 70 Yale Law Journal, 1961, p. 1037－1048。

附录三
“事实怀疑论”的浅薄与深刻
——弗兰克法律现实主义再解读*

在20世纪二三十年代的美国法律现实主义运动中，弗兰克毫无疑问是与卢埃林齐名的领军人物，其“事实怀疑论”构成现实主义法学的一种标志性学说。但时过境迁，当代的研究者逐渐无法理解“事实怀疑论”的深刻洞见和根本诉求，甚至简单地将其斥为“浅薄”之见，排除出现实主义法学的核心命题。回到经典文本、还原“事实怀疑论”，不仅有助于澄清长期以来对于弗兰克思想的低估和误解，而且有助于反思研究者为法律现实主义贴上的“反传统”标签，揭示现实主义法学家维护本国“普通法传统”的努力。

一、饱受批评的“事实怀疑论”

在众多的美国法律现实主义者中，弗兰克无疑是最爱使用讽

---

* 原载《江汉论坛》2014年第10期，有改动。

刺手法的一个。他煞有介事地讨论儿童心理学，说人们信仰“法律确定性”的神话，是由于没有摆脱对全能父亲的依赖，[①] 致力于普通法体系化的布莱克斯通，在他眼里只是“一位很不成功的英国律师”，其《英国法评论》“由于难以忍受的势力眼和对司法现实的极度歪曲……近些年来受到了理所当然的批评”[②]；社会学法学大师庞德被他说成一个“韬光养晦”的人，借霍姆斯传人的身份成名，随后又叛变了霍姆斯，“从峻峭的山顶一直倒退下来”[③]；现实主义者的众矢之的前哈佛法学院院长兰德尔，更被弗兰克蔑称为“70 多年前杰出的神经病患者”，还惟妙惟肖地戏谑道：当朋友在图书馆里遇见这位正全神贯注于古籍的书呆子时，他“以交织着喜悦与遗恨的语气，伴随着斩钉截铁的手势说道：‘啊！我要是生在金雀花王朝时期那该多好啊！’”[④]

但妙笔生花的弗兰克，也是整个群体中受到最多批判的人，“最肤浅”“最极端”这些字眼都被用在了他的身上。富勒的名作《美国法律现实主义》开篇就以一种反讽的语气，暗示了对弗兰克不屑一顾的态度：“卢埃林并不认为确定性不过是孩子气的任性的

① See Jerome Frank, *Law and the Modern Mind*, Gloucester, Mass: Peter Smith, 1970, p. 14 – 23.

② ［美］杰罗姆·弗兰克：《初审法院——美国司法中的神话与现实》，赵承寿译，中国政法大学出版社 2007 年版，第 1 页。

③ Jerome Frank, *Are Judge Human*, 80 University of Pennsylvania Law Review, 1931, p. 18 – 19.

④ ［美］杰罗姆·弗兰克：《初审法院——美国司法中的神话与现实》，赵承寿译，中国政法大学出版社 2007 年版，第 264 页。

证明，20世纪心智中不足取的东西，而是将之视为一种真正的价值。”① 法律现实主义的当代研究者赖特则以“极端观点”为由，实际上否认了弗兰克在现实主义者中的旗手地位。② 中国学者的研究也指出，弗兰克的理论“被公认为是现实主义中最幼稚的类型。”③

弗兰克饱受批判的“事实怀疑论”认为，法官独一无二的“个性”决定着对事实的认定，进而决定着司法裁判的结果。从内在起源上讲，“个性”是无数因素共同作用的产物，“包括他的父母、他所受的教育、他的老师和同伴、他所认识的人、与他结婚或没有结婚的女人、他的孩子、他所读过的书籍和文章等等”④。因此，一份司法裁判，俨然就是主审法官整个人生经历的写照，根本不可能加以全面分析。⑤ 从外在形式上讲，“个性”并

---

① Lon Fuller, *American Legal Realism*, 82 University of Pennsylvania Law Review, 1934, p.431.

② See Brian Leiter, *Legal Realism and Legal Positivism Reconsidered*, 111 Ethics, 2001, p.290.

③ 柯岚：《法律方法中的形式主义与反形式主义》，载《法律科学》2007年第2期。

④ ［美］杰罗姆·弗兰克：《初审法院——美国司法中的神话与现实》，赵承寿译，中国政法大学出版社2007年版，第164页。

⑤ ［美］杰罗姆·弗兰克的这个观点不仅与完全不考虑法官能动性的法律形式主义格格不入，而且与法律现实主义的另一支，“规则怀疑论”也有巨大分歧。持“规则怀疑论”的学者，往往受沃森流行一时的“行为主义心理学”影响，认为虽然不能从法官的说辞中发现法律运作的真实情况，但通过他们的实际行为，却可以做到这一点。参见 Herman Oliphant, *A Return to Stare Decisis*, 14 American Bar Association Journal, 1928, p.71－156。富勒甚至认为行为主义是法律现实主义的一种基本方法，并对此进行了猛烈抨击。从这个角度说，在排除美国杰罗姆·弗兰克的前提下谈法律现实主义，很可能是富勒的一个巧妙策略。参见 L. L. Fuller, *American Legal Realism*, 82 University of Pennsylvania Law Review, 1934, p.429－462。

非表现为固定的政治、经济或者文化观点，而是表现为“难以捉摸的怪癖”：“某种面部痉挛、咳嗽或者姿势都可能触发回忆、痛苦或者愉悦。当初审法官听审带着这种面部痉挛、咳嗽或手势的证人时，他的这些记忆可能影响该法官听取证人的陈述或法官后来对这些陈述的回忆，或者影响到法官对该证人证词的重要性程度和可信度所作的评价。”① 故而，试图运用社会—心理分析方法确定法官“个性”，同样于事无补。

对于这些观点，大多数法学家只是视为“奇谈怪论”。弗兰克喜欢问：“法官是人吗？”但法学家们提出了三项反问：首先，“法官是动物吗？”如此强调法官个性，显然过分夸大了感性因素对司法裁判的影响，将法官的事实认定过程，完全等同于不加理性反思的、下意识的、动物性的刺激反应。② 其次，“法官是普通人吗？”美国法官长期接受的法律理论学习、正义观念培养、职业伦理教育、实务工作训练，毕竟使他们具有区别于普通人的知识结构、价值观念、思维方式、实践经验；法官职位的荣耀感，当事人对正义的呼唤，上级法院、同行和民众的监督，也让他们比普通人更能感受到防范恣意的必要。最后，“法官只是个别的人，而不是一类人吗？”他们类似的生活经历、人事圈子和制度

① ［美］杰罗姆·弗兰克：《初审法院——美国司法中的神话与现实》，赵承寿译，中国政法大学出版社 2007 年版，第 163 页。

② 孙启东、范进学：《弗兰克法律现实主义观述论》，载《山东社会科学》2007 年第 3 期。

环境，至少赋予了他们一定程度的共性，使他们得以在面对相同情况时作出类似判断。①

更简单的道理是，没有任何法学家否认，法官的个性确实可能对司法裁判发生影响。这种人尽皆知的问题，根本就没有讨论的必要。难道有什么办法避免这种情况？难道应当寻找没有任何生活经历，没有任何个性的法官？难道法学家不明白“徒法不足以自行”，“法治”只是试图尽可能减少“人”的影响？②

二、“事实怀疑论”的认识论洞见

如果说弗兰克还有什么错误，可能就是他惯于使用一种颇具文学色彩的语言进行写作，这令许多习惯了学院文风的研究者感觉很不严肃。在其名著《初审法院》一书中，弗兰克正是用他“不严肃”的文字全面阐述了“事实怀疑论”。嬉笑怒骂固然令人眼花缭乱、印象深刻，但也容易使人们忽略更重要的东西——其字里行间始终一以贯之的司法认识论基础。这实际上是一种严

① 参见柯岚：《法律方法中的形式主义与反形式主义》，载《法律科学》2007年第2期。

② 参见孙启东、范进学：《弗兰克法律现实主义观述论》，载《山东社会科学》2007年第3期。

肃、深刻的“建构主义认识论”，值得重新加以审视。①

当案件出现在法庭上的时候，“事实”已经成为过去。在这个意义上，弗兰克非常敏锐地将初审法官与历史学家相类比，认为二者的工作都需要一种“猜测的艺术”。历史学家总是试图发现真实客观的历史，然而一方面，他高度依赖二手、三手、四手的证据，这些证据虽然经过了严格的审查筛选，但对其可靠性的评价很大程度上仍是主观的；另一方面，证据所支撑的事实不过是历史之网上的几个点，点与点之间的联系则要依靠历史学家运用想象力加以创造，这个创造“联系”的过程更是充斥着主观性。因此，任何历史学家的陈述都与客观历史相去甚远，“依赖于历史学家的个性”②。

法官的处境与历史学家类似。法官同样并非案件的亲历者，他对事实的判断只能借助于证人。历史的见证者大都已经不在人世，法官却常常能找来活着的证人，进行询问或者启动交叉询问。但证人所陈述的事实，毕竟只是“他对事实的判断”。即便能够找到“诚实”的证人，也无法保证“客观”事实的发现。一

① “建构主义认识论”系由社会学家尼古拉斯·卢曼阐发，得益于神经生物学、语言学、符号学的晚近发展。卢曼反对“认识”与“实在”直接契合的传统观点，认为没有人知道“实在”的世界面貌如何，因为“实在”本身就是使用特定区分进行观察、建构的结果。参见 G. Kneer & A. Nassehi：《卢曼社会系统理论导引》，鲁贵显译，台北，巨流图书公司 1998 年版，第 67～72 页。

② ［美］杰罗姆·弗兰克：《初审法院——美国司法中的神话与现实》，赵承寿译，中国政法大学出版社 2007 年版，第 39～41 页。

方面，心理学研究证实了“记忆”有多么不可靠，诚实的证人为了表明自己所言不虚，完全可能添油加醋，或者凭借想象拼接记忆碎片，以至于把自己一同欺骗；另一方面，证人往往出于同情、义愤等各种态度，不自觉地成为“某一方的证人”，倾向于助其获胜，这种心理也非常容易造成记忆的扭曲。法官作为“证人的证人”，必须对证人的判断做出自己的判断，这就在主观之上再加主观。①

与历史学家不同的是，法院程序不会给法官太多调查时间。初审法院之所以采取“对抗制”的诉讼模式，与迅速解决纠纷的社会需要有关，在法律成为稳定预期的主要机制的现代社会，这种需要更是强烈。② 一种观点认为“对抗制”诉讼是各方协力挖掘“真相”的过程，当双方当事人争锋相对地摆出证据和理由时，各自的偏见就会在对峙中展现，重要因素就不会逃出法官的视野。弗兰克坚决反对这种“真相”理论，认为对抗制诉讼根本上就是“战斗”，“起源于一种取代私人在法庭外斗殴的原始裁判形式”。正因诉讼的本质是战斗，人们才要花费不菲的代价雇佣律师。优秀律师的评价标准，不在于能否发现事实，而在于是否深谙法官心理，能够尽可能让法官采信对委托人有利的证据，忽

① 参见［美］杰罗姆·弗兰克：《初审法院——美国司法中的神话与现实》，赵承寿译，中国政法大学出版社2007年版，第19~23页。

② 晚近的法律系统理论认为，现代法律的功能不在于解决纠纷、实现社会控制等等，而在于“稳定规范性预期”。参见陆宇峰：《走向“社会司法化”——一个“自创生”系统论的视角》，载《华东政法大学学报》2012年第3期。

略对委托人不利的证据，从而帮助委托人在诉讼战斗中赢得胜利。他们不仅懂得在法庭上应该强调什么、避免提及什么，甚至还懂得怎样使对方证人在陪审团面前显得慌张可笑。弗兰克调侃道，律师对初审法官的所作所为，“好比是一位外科医生做手术的时候，往他的眼睛里撒胡椒粉”①。

更为根本的问题是，法官的裁判过程和普通人的判断过程并无二致。二者都首先借助“预想”形成大致结论，再以材料中的各种证据加以“检验”，最后加工整理成顺理成章的“事实”。②其结果，要么假设的结论正确，与此同时，有利于该结论的证据获得凸显，不利于该结论的证据受到忽略；要么假设的结论错误，然后重新开始一轮“结论先行”的论证。人类思维无法避免“预想在先、合理化在后”的模式，初审法官同样如此。③ 在1943年的一条司法意见中，时任法官的弗兰克写道：“的确，除非我们的法院公平审案，否则民主必定失败。而且，当法官缺乏不偏不倚和无私的性格时，则不存在公平审理。然而，如果无‘偏见’和不‘偏袒’，意味着法官的头脑中全然缺乏预想，那么

① ［美］杰罗姆·弗兰克：《初审法院——美国司法中的神话与现实》，赵承寿译，中国政法大学出版社2007年版，第86~109页。

② 哈奇森法官持相同见解，认为法官判案实际上凭借感情和预感，只有撰写判决意见时才运用推理；判决意见不过是对判决的“自我证明”，目的在于“通过批评者的检验”。参见 J. C. Hutcheson, *The Judgment Intuitive*: *The Function of the* “*Hunch*” *in Judicial Decisions*, 14 Cornell Law Quarterly, 1929, p. 274 – 288。

③ 参见［美］杰罗姆·弗兰克：《初审法院——美国司法中的神话与现实》，赵承寿译，中国政法大学出版社2007年版，第198~199页。

无人经历过一场公正的审判，且无人将会经历。人类之心智，即便在幼年时期，亦非白纸一张。”①

这些论述构成了弗兰克对斥责他肤浅者的有力驳斥：法官当然不是动物，不是仅仅凭借感性进行裁判，但他的理性只能在事后的“合理化”过程中发挥作用；法官当然不是普通人，不是像外行一样以日常经验和常识看待事实，但他的法律思维只能与日常经验和常识一道，逐渐形成模模糊糊的判断；② 法官当然是职业共同体的一员，但这只能保证他决意使用法律的眼光看待每个案件，改变不了事实乃是被建构地认知这一客观规律——“在不包含任何先入之见的头脑的意义上，开放的心智，无论如何将是无力获悉任何东西的心智，属于全然无情无义之人的心智，大概类似于精神病专家对低能迟钝者的描述”。③

当代的自创生系统论法学提出了一种“建构主义认识论”，认为司法裁判乃是法律系统立足当下，对过去加以“重构”的过程。过去并非客观真实的过去，而是“当下”的过去：一方面，“一切万有，皆为当下”，历史不能重演，系统所观察到的世界只在当下存在；另一方面，尽管司法裁判必须面向未来，考虑未来

---

① Jerome Frank, *Law and the Modern Mind*, Gloucester, Mass: Peter Smith, 1970, xxi.

② See Jerome Frank, *Are Judge Human*, 80 University of Pennsylvania Law Review, 1931, p. 28 – 29.

③ Jerome Frank, *Law and the Modern Mind*, Gloucester, Mass: Peter Smith, 1970, xxii.

将如何处理与过去类似的案件，但此时这一“过去”，同样建构于未来那个“当下”时刻。因此，“过去”的一切，无论是已通过的立法、已成为先例的判决、已被签署的契约等“规则”，还是已然发生的种种“事实”，都不可能决定“当下”的司法裁判；也因此，将法院制造成“自动售货机”的理想纯属空谈，司法运作的本质不是“运算”，而是“决断”。[①] 在高速发展的现代社会，立法既不足以覆盖一切，亦不可能洞悉未来，法院却可以为所有案件“依法”提供裁判，原因就在这里。[②]

弗兰克没有从“系统”的抽象层面讨论问题，但他已经发现，作为初审法官的个人，是带着“当下自我”的各种经验进行事实判断的。他的事实怀疑论，实际上发展了一种法官视角的“建构主义认识论”。所谓“事实”，就是此时此地，这个拥有无限丰富心理状态的初审法官，对于当事人、证人、律师真真假假的说辞的主观判断。所谓“无限丰富心理状态”，既包括他对“规则”的认知，也包括他整个人生经验的混杂，是初审法官看待事实的“眼镜”。因为这副眼镜，初审法官可能并非“如其所是”地观察案件；但也正是因为这副眼镜，他才得以观察案件。弗兰克的这种观点，虽然距离阐明现代法律系统的自主运作还很

① 对卢曼司法理论的研究，参见陆宇峰：《“自创生”系统论法学——一种理解现代法律的新思路》，载《政法论坛》2014 年第 4 期。

② 参见［德］尼可拉斯·卢曼：《法院在法律系统中的地位》，陆宇峰译，载《清华法治论衡》2009 年第 12 辑。

远，但毕竟向前迈进了一步。没有这一步，法律研究就仍在抽象规范的圈子里打转，就无法真正聚焦于司法实践，也无法最终理解司法实践中规范、事实、情境间的复杂互动。

三、超越“规则怀疑论”

不过，无论弗兰克的学说预示了一种多么深刻的认识论，都无法解释他为何激烈地“怀疑事实”，“攻击”初审法院的事实认定。值得进一步深思的是，弗兰克自诩为“事实怀疑论者”，不仅要与一切法律形式主义者开战，而且要与自己的法律现实主义盟友、以卢埃林为首的“规则怀疑论者”划清界限——“没错，规则怀疑论者的确是一支传统的左派羽翼。它从为事实怀疑论者所厌恶的传统而来”。[①] 这又所为何事？

两个问题的答案是相同的。在弗兰克看来，“规则怀疑论”者从批判法律确定性出发，目标却指向了更高程度的确定性。他们指责“纸上规则”不能决定裁判结果，否定严格适用“纸上规则”的“程式化风格”的司法具有可预测性，不过是为了推销自己的所谓“真实规则”，以及适用“真实规则”的“宏大风格”的司法，从而再度恢复司法裁判的可预测性。[②] 他们认为，只要

---

① Jerome Frank, *Law and the Modern Mind*, Gloucester, Mass: Peter Smith, 1970, xii.

② 此处涉及法律现实主义内部的“温和情境主义”与“激进情境主义”之争。参见陆宇峰：《美国法律现实主义：内容、兴衰及其影响》，载《清华法学》2010 年第 6 期。

法官采用现实主义的方法，考虑具体案件所处的“情境类型”，从中引入人们共享的理性、常识和公平感，就能够重塑法律的确定性。具体案件虽然殊异多端，但在一定时期内，它们所处的“情境类型”却较为稳定；法官个人好恶虽然不一而足，但同一情境中带有实用面向的自然理性却相对统一。这就决定了“宏大风格”之下创的规则，既可以得到普通人的理解和运用，又能够保障不同法官作出大致相同的判决。①

弗兰克指出，这些“规则怀疑论”者之所以还在做这样的美梦，是因为他们的眼睛只盯着上诉法院的实践。美国上诉法院几乎不考虑事实问题，仅仅关注上诉法院的法学家很容易沉迷在二维的人造世界中，夸夸其谈应该适用何种规则。这些讨论必然毫无意义，因为真实的法律世界是“三维”的：除了“规则”和“判决”之外，“事实”之维不仅不可或缺，甚至更为重要。大多数案件在初审法院已告终结，而几乎所有上诉案件都假定初审法院已经正确认定了事实。当上诉法官们根据错误认定的事实激烈辩论规则适用问题时，这样的“正义之举”与个案公平并无关系；当初审法官并未说明事实认定的依据，而上诉法官只能根据初审判决逆向推定这些依据时，对规则适用问题的讨论更是扭曲。② 弗兰

① 参见［美］卡尔·卢埃林：《普通法传统》，陈绪纲、史大晓等译，中国政法大学出版社2002年版，第38～50页。

② 美国杰罗姆·弗兰克关于事实认定乃是司法之中心事务的论述，参见［美］杰罗姆·弗兰克：《初审法院——美国司法中的神话与现实》，赵承寿译，中国政法大学出版社2007年版，第177～183、242～245页。

克力图表明：初审法院才是整个司法体系的核心，事实认定才是整个司法运作的中心。他不是在“怀疑”事实，不是在“攻击”事实认定，而是通过强调“事实”的基础地位，指出个案的事实才是重中之重；相形之下，普遍的规则根本无关紧要。

弗兰克对“遵循先例”原则的思考说明了同样的问题。一方面，他区分了“遵循先例的学说”和“遵循先例的实践”，认为前者过度强调规则稳定性的意义，仿佛法院愿意为此牺牲个案正义，并维持那些过时先例的有效性；而后者实际上相当富于灵活性，通过“案件区别”的裁判技术，通过“旧瓶装新酒”的语言技巧，通过对先例中“判决理由”是什么的自由决定，法官完全可以创造符合个案需要的新规则。另一方面，他又提出“判例理论应当加以重述，以便更贴近于判例实践”①，因为遵循先例学说源自于“祖先崇拜”，倾向于对变化和新生事物加以抵制，容易对实践产生误导；“子孙崇拜”的观念也经常导致法官“眼睛死死盯着这些法律规则……对将来案件可能产生的影响”，机械使用遵循先例原则。两种观念共同的误区，都在于“在当下的具体案件中，对活生生的当事人的利益关注不够”。因此，只有当下实事求是地进行个案裁判，才是法官力所能及的真正职责——“他更为卑微但却更为重要和紧迫的任务，是去裁决具体的、实

① ［美］杰罗姆·弗兰克：《初审法院——美国司法中的神话与现实》，赵承寿译，中国政法大学出版社2007年版，第301～307页。

际的、当下的案件”[1]。

将弗兰克对“遵循先例”原则的微妙态度，与他对初审法官事实认定的论述结合起来，不难得出以下结论：当下的个案事实不必为维护规则的普遍性作出牺牲，恰恰相反，先例中的规则必须根据个案事实的特殊性加以认知和调适。弗兰克本人对此有一句很经典的表述：“司法正义是零售业务，不是批发业务。”[2] 这就更为形象地说明了，规则及其所代表的抽象正义并不重要，应当将优先地位让给基于特定事实的具体正义。

这些想法与“规则怀疑论”究竟有何差异？卢埃林等人同样强调，要对抗大陆法系的理论与实践，恢复美国自形式主义法学以来日趋没落的普通法经验传统，就必须质疑规则与司法裁判之间的决定关系，进而解构抽象规则的重要性。[3] 但早在他读到《法与现代心智》时，就感到弗兰克走得太远了：“裁判意义上的法律，比他在论述中表明的要可预测得多，确定得多。”[4] 终其一生，卢埃林都在论证，虽然“纸上规则”不足以使裁判结果具有可估量性，但融合了普通法实践智慧，充分考虑个案“情境类

---

① ［美］杰罗姆·弗兰克：《初审法院——美国司法中的神话与现实》，赵承寿译，中国政法大学出版社2007年版，第315页。

② ［美］杰罗姆·弗兰克：《初审法院——美国司法中的神话与现实》，赵承寿译，中国政法大学出版社2007年版，第108页。

③ See Karl Llewellyn, *The Bramble Bush*, Oceana Publications, 1960, p. 68.

④ Karl Llewellyn, *Law and the Modern Mind*: *A Symposium*, 31 Columbia Law Review, 1931, p. 87.

型"的"真实规则"却堪当此任；在《美国统一商法典》的编纂过程中，他也确实通过贯彻"规则细化主义",[①] 积极地兑现这一承诺。但弗兰克认为自己对法律确定性的质疑并无过分，反倒是眼睛只盯着上诉法院的人容易过分乐观；他也不相信情境化、细化的规则可以使司法裁判具备可预测性，因为即使最详尽的演奏提示，也还是会留给演奏者很大的解释空间。[②] 与寻求"纸上规则"替代品的卢埃林不同，弗兰克从来就主张将"规则"彻底赶出普通法实践的中心领域，所以才独立阐述了"事实怀疑论"。因此，与其说在是否怀疑事实的问题上，不如说在是否进一步反对规则的问题上，同样以法官行为为研究中心、细心维护普通法传统的两派最终分道扬镳了。[③]

卢埃林当然承认，法官通过解释立法，实际上在司法过程中进行了"造法"，但他说这种解释活动运用的是"建筑学"技术；弗兰克却更进一步，坚持认为立法与司法解释的关系，是音乐文

---

① 参见许庆坤：《重读美国法律现实主义》，载《比较法研究》2007 年第 4 期。

② See Jerome Frank, *Words and Music: Some Remarks on Statutory Interpretation*, 47 Columbia Law Review, 1947, p. 1261.

③ 二人之间有相互猜忌的成分。杰罗姆·弗兰克反对"规则怀疑论"，很可能出于不满卡尔·卢埃林参与编纂法典；而卡尔·卢埃林亦曾暗示，肆意抨击普通法可预测性的人，是试图妖魔化美国司法，为罗斯福"新政"举旗。参见［美］卡尔·卢埃林：《普通法传统》，陈绪纲、史大晓等译，中国政法大学出版社 2002 年版，第 13 页。但也有研究者注意到，两人观点虽然不同，却私交甚深，惺惺相惜。参见付池斌：《现实主义法学与社会法学的思想交锋》，http://dzl.ias.fudan.edu.cn/MasterArticle.aspx?ID=12993。

本与音乐演奏者之间的关系。[①] 在弗兰克看来，法官造法是“艺术”而非“科学”：建筑科学虽然不是没有发挥的余地，但毕竟受力学规律的制约，故具有一定的统一性；艺术则纯粹属于主观创造的领域，同样的乐谱经过不同乐师的演绎，完全可能呈现不同的面貌，故更加具有多元性。建筑图纸即便对于创意非凡的建筑师也有明显的指导作用，而乐谱之于天才的乐师，却不过是有待灌注自己风格的空壳。[②] 这样的对比意味着，如果说卢埃林还对“制定法”和“法官造法”有所区分，那么弗兰克则更倾向于格雷的命题：“实际上，所有的法律都是法官造法。”[③] 卢埃林始终认为，弗兰克清醒地意识到法律在语词上的确定性是虚幻的，但不应否认法律在实践中的确定性；弗兰克正确地否定了法律的“静态稳定性”，但忽略了法律的“动态稳定性”。[④] 弗兰克则一阵见血地指出，卢埃林等现实主义者未能在反对规则的道路上继续前进，乃是因为他们的怀疑精神没有扩展到“事实”的领域。

一言以蔽之，“事实怀疑论”是“规则怀疑论”的进一步延续。

---

① See Jerome Frank, *Words and Music: Some Remarks on Statutory Interpretation*, 47 Columbia Law Review, 1947, p. 1260.

② 参见［美］杰罗姆·弗兰克：《初审法院——美国司法中的神话与现实》，赵承寿译，中国政法大学出版社2007年版，第321~340页。

③ ［美］约翰·奇普曼·格雷：《法律的性质与渊源》（原书第2版），马驰译，中国政法大学出版社2012年版，第106页。

④ See Karl Llewellyn, *Law and the Modern Mind: A Symposium*, 31 Columbia Law Review, 1931, p. 82 –90.

四、通过司法改革捍卫普通法传统

弗兰克批判一切、破坏一切的锋芒给读者留下了太深刻的印象，使他们很容易忽略弗兰克学说中有积极意义的地方，更无法想象这个彻底的怀疑主义者会有什么建设性的构想。实际上，与所有法律现实主义者一样，弗兰克既有“造反者”的一面，也有改革者的一面。正如卢埃林早在1931年与庞德的一篇争论文章中就已声明的，现实主义者都反感那些粉饰太平的理论，都自诩为现实的忠实描述者；但忠实地描述现实，并不等于完全支持现实中的种种做法。[①] 他们同时也是改革者，却又与那些只会勾画美好蓝图的理想主义者不同，他们强调只有首先研究现实、承认现实，才能脚踏实地进行改革。[②]

弗兰克正是在详尽阐发了“事实怀疑论”之后，才提出了一

---

① ［美］卡尔·卢埃林强调法学研究要暂时划分“应然”和“实然”，确定研究目标，必须诉诸价值判断，但描述事物关系，则应搁置自己的价值观念。参见 Karl Llewellyn, *Some Realism about Realism*: *Responding to Dean Pound*, 44 Harvard Law Review, 1931, p. 1237 – 1238。

② 有学者将现实主义者的实然描述，当成他们的应然观念，然后加以“批判”。比如，说现实主义者支持法官充当“穿着法袍的立法者”，这会造成司法的溯及既往、权力分立的崩溃、法院变成赌场、人们不愿诉诸司法裁判。参见周赟：《现实主义法学批判》，载《东岳论丛》2006年第1期。这是倒因为果的说法，这些所谓“后果”，在现实主义者看来正是现实，只有在承认现实的基础上，才能着手改革。

系列关于司法改革的建议。[①] 问题的关键是，这些建议目的何在？是尽可能减少法官裁判的主观色彩，从而促进初审法官发现事实"真相"吗？这种观点似乎顺理成章，却无法解释：如果确如弗兰克所说，事实总是主观建构，哪有什么客观"真相"可言？如前所述，"事实怀疑论"的提出，实际上是要进一步解构"规则"的重要性，因此弗兰克对症下药的改革建议，其目的也绝不会如此浮于表面。为了澄清这个问题，以下将全面结合他的13条建议展开分析。

弗兰克的某些改革建议确实容易误导读者。比如第一条中涉及改革质证程序、提高证人可信度、限制证据排除、防止证据突袭的六项措施，乍看起来，无非主张更加全面地提供证据、深入地审查证据，以获取"客观事实"。但弗兰克自己的答案是："改革目前指导审判的战斗模式中的一些过头之举。"[②] 在揭示了对抗制诉讼的本质乃是"战斗"，而非发掘"真相"之后，他忧心忡忡地感叹道："我们已经使这种斗争精神发展到了过分危险的境地。"[③] 危险就在于，如果庭审完全等同于一场战斗，那么雇得起

① 美国杰罗姆·弗兰克司法改革建议，参见［美］杰罗姆·弗兰克：《初审法院——美国司法中的神话与现实》，赵承寿译，中国政法大学出版社2007年版，第464~465页。

② ［美］杰罗姆·弗兰克：《初审法院——美国司法中的神话与现实》，赵承寿译，中国政法大学出版社2007年版，第464页。

③ ［美］杰罗姆·弗兰克：《初审法院——美国司法中的神话与现实》，赵承寿译，中国政法大学出版社2007年版，第86~109页。

好律师的当事人就总能获胜。《初审法院》是一幅油画长卷，生动地勾勒出这样一种司法场景：在那过于庄严肃穆的法庭上，法袍裹身、表情全无的法官，除了徒增证人的精神压力，就是对眼前的一切听之任之；代表国家的检察官受到斗争精神的影响，利用免于证据开示的特权，时刻准备对被告展开突然袭击；有钱人的优秀律师借助娴熟的技巧，使不利证人失信于人，不利证据得到合法排除；贫穷的当事人却因付不起调查费用，错失关键证人和关键证据，沦落到百口莫辩的境地。“尚武精神”的结果，最终使诉诸司法成了“购买正义”。如果“战斗理论”所描述的是对抗制诉讼的实然状态，“真相理论”所幻想的是对抗制诉讼的应然状态，那么弗兰克就是试图找寻实然与应然之间的一条可能出路。这样一来，对弗兰克改革建议的理解，就应当从限制法官的主观性，不断接近“客观事实”，转变为使当事人在庭审中受到公平对待，从而获得“可感知的正义”。他的第 5 条建议，即教育警察，禁止刑讯逼供，也出于同样的考虑。

弗兰克十分清楚，在事实认定过程中，法官的主观性是无法“限制”的。他的改革建议不是要减少法官的主观色彩，反倒是要求法官尽可能将案件情况全面纳入主观认识，但也要在通过制度建设防范主观认识错误的同时，以各种配套措施提高这种主观认识的水平。这里涉及三个子问题：第一，主观建构的事实是一回事，基于不全面的证据做出主观事实认定，又是另一回事。所以弗兰克第四条建议要求检察官出示所有重要证据，包括对被告有利的证据。第二，认识具有主观性是一回事，主观认识混乱错误又是另一回事。一个复杂案件的最终事实，是一项项特定事实相联结的结果，在这个联结过程中，初审法官可能犯有思维错误。如果呈现在上诉法官面前的初审判决只包括简单的“最终事实”，往往就会错失检验出思维错误的机会。因此弗兰克的第七条建议，要求初审法官在所有案件中公开特别事实认定。同样，上诉法官也可能犯主观认识错误，当他不得不依据简单的初审判决“推定”事实时，尤其如此。因此弗兰克的第十一条建议又提出，在上诉案件中，允许初审法官参与上诉法院的审理，以减少上诉中的形式主义。第三，法官必然诉诸主观认识是一回事，有没有足够的主观认识能力又是另一回事。这就是为何弗兰克的建议还包括了面向实践的法学教育改革（第二条）和法官的心理学训练（第三条）。这些建议有关法官“睿智”的培养，一方面通过不断参与实践活动，使其积累丰富的经验，另一方面塑造其自我剖析、自我审查的能力和品质。这种培养方式的理想产品，正是韦伯眼中具有“卡理斯玛性格”的传统普通法法官。①

与通过明确的法律规则实现社会控制的思想相关联，现代革命以来的欧陆法官注重司法裁判的社会效果，一向以法典守护者甚至“自动售货机”的面目示人；而普通法法官的血脉里，却留有作为国王代表巡回处理纠纷的印记，留有律师公会纯实务技术

① 参见［德］马克斯·韦伯：《法律社会学》，康乐、简惠美译，广西师范大学出版社 2005 年版，第 333～334 页。

训练的印记，因此更加注重个案的具体处理，其威望也来源于个人的智慧与德行。① 弗兰克甚至认为，如果大陆法系的历史渊源是罗马法，那么普通法的历史渊源就是雅典的法律实践。他引证梅因的观点说，雅典人的智慧、高贵和灵活性，使他们不会接受法律规则的严格束缚，只要对于个案的公正判决不利，他们就不惜牺牲法律规则。雅典人没有给后世留下罗马法那样的原则体系，原因即在于此。但弗兰克坚决反对梅因对雅典人的负面评价，不承认给每个个案公正判决竟然比不上为后人留下一个法律体系。② 从这个角度继续来看，弗兰克的第十条建议，即明确赋予初审法官案件个别化处理的权力，根本不是“改革”建议；第十二条建议“拍摄庭审有声电影”和第十三条建议“引导非法律人，让他们认识到，初审法院比上诉法院重要”，也同样是试图重新树立与普通法传统相适应的观念：个案的正义重于抽象的正义。

——剖析下来，真正具有反传统色彩和改革意义的建议只剩下最后三条，即“让法官脱下法袍”（第六条）和调整陪审团制度（第八条、第九两条）。但弗兰克认为，在普通法传统中，身着法袍、头戴假发的法官和由外行人组成的陪审团既是较有标志

① 参见［德］马克斯·韦伯：《法律社会学》，康乐、简惠美译，广西师范大学出版社 2005 年版，第 182～189 页。

② 参见［美］杰罗姆·弗兰克：《初审法院——美国司法中的神话与现实》，赵承寿译，中国政法大学出版社 2007 年版，第 415～418 页。

性的元素，也是与该传统自相矛盾的元素。就法袍问题而言，普通法法官的声望源于对其高超实务技艺的肯定，法袍却制造一种“神秘主义”的气氛，诱导人们的盲目崇拜；普通法的精髓在于经由因时制宜的个案裁量适应社会的发展，法袍却代表着“保守主义”，对抗制定法所凝聚的“与时俱进”的民意；普通法的审判实践凸显出法官个人的判断，彰显出不同法官的“个性”，法袍却维系着“司法反应的一致性这种假相”，渗透着“普遍主义”的气息。①“神秘主义”“保守主义”“普遍主义”不仅与普通法的精髓格格不入，还恰好是深受罗马法体系化思维、自然法超越性品格之影响，试图制定永恒法典的大陆法系的特征，因此必须加以改革。

陪审团制度的致命弱点，则在于不具专家品格。与大陆法的专家皓首于学院，法官只是手捧法典、按图索骥不同，普通法的专家汇集于实务领域；普通法的司法实践高度强调专业性，这与陪审团制度格格不入。首先，庄严的法庭、有限的时间、拖沓的程序、富于诱导性的律师、错综复杂的证据，都构成了作为外行的陪审团的严重障碍，迫使他们在剪不断理还乱的局面逼迫下，作出非理性的事实认定。其次，与陪审团只裁定事实的一般认识不同，他们的工作实际上同样涉及法律问题。但外行陪审员不可能通过法官的简单指示，了解法律规则的真实含义，也没有能力确知法律对

---

① 参见［美］杰罗姆·弗兰克：《初审法院——美国司法中的神话与现实》，赵承寿译，中国政法大学出版社2007年版，第277～285页。

当事人权利义务的分配情况。① 最后，这样一种缺乏专业性的司法制度之所以曾经备受青睐，在 17 世纪的英国，是对抗斯图亚特王朝及其代言人皇家法官的专制统治所需；在 18 世纪的美洲殖民地，则是抵御英国政府控制下的法官所需。换言之，陪审团并非普通法传统的主干部分，毋宁只是特定历史和政治的产物；当一个独立的美利坚出现以后，就没有继续广泛存在的必要了。②

弗兰克的 13 条司法改革建议可谓“攻守兼备”。其所攻者，系普通法中具有偶然性的制度和影响法官睿智行动的因素；其所守者，则系迥异于大陆法系的实践智慧和对个案正义的优先诉求。回头看来，弗兰克对“事实怀疑论”的阐述，始终交织着一明一暗两条线索：明的一条全面剖析“事实认定”问题，反复论证法官“个性”之于个案裁判的决定意义；暗的一条则不断贬抑奉“规则普遍性”为圭臬的大陆法理念，一再张扬重视“个案特殊性”的普通法实践。在两条线索的交汇处，弗兰克最终提出了一套建设性的改革方案，试图以新时代的理性精神和科学态度，为古老的普通法传统灌注新的生命。

这无疑是他的深刻之处。

---

① 比如，法官可能告诉陪审团：如果你们认定事实是 A，那么应该裁决原告胜诉；如果你们认定事实为 B，则应该裁决被告胜诉。但陪审团的裁决只有一句话：“我们作出对被告有利的裁决。”没有人知道他们是否遵照法官的指示，正确地联结了事实与规则。

② 参见［美］杰罗姆·弗兰克：《初审法院——美国司法中的神话与现实》，赵承寿译，中国政法大学出版社 2007 年版，第 115 ~ 117 页。

致　　谢

我关注法律现实主义，始于2007年，研究生二年级。当时导师清华大学高鸿钧教授承担了教育部基地重大项目“英美法系与西方法制文明研究”，考虑到我醉心于卢曼的系统论法学，而美国法律现实主义对法院运作的描述，又最接近于卢曼的司法理论，就把相关任务分给了我。我的初步研究，否定了法律现实主义是一种“反传统”的思潮，强调它恰恰是美国“普通法传统”的独特产物。成果发表在《清华法学》等刊物上，后来又结集为《英美法原论》等著作出版，获得了一些好评。

2011年夏天赴华政应聘，我第一次拜望李秀清教授。在六三楼《华东政法大学学报》编辑部，时任主编的李老师问我为何没有选报全国重点学科——华政法律史学？我坦承多年来主要研习法理学，担心自己的制度史功底不够，不能胜任法律史的工作。李老师笑道，法律思想史也是法律史啊，要不你在职做博士后吧？就这样，在李老师的指导下，在外法史何勤华、苏彦新、屈文生、于明等师友的鼓励下，我延续法律现实主义研究，写作了这本小书，并得到了博士后基金资助，还获评2013年华政首届优秀博士后。我的观点有了一些拓展，即法律现实主义不仅“既往”而且“开来”，不仅凝练了美国的法律传统，而且适应于美国国家崛起。这可能对于“建构中国自主法学知识体系”有启示意义。

感谢各位师友，感谢华政法律史学科。也要感谢多年好友解锟，她作为法律史专家和法律出版社的编辑，为本书的问世付出了大量心血。另外感谢柯岚教授，她把收集到的法律现实主义资料拷贝给我，她自己的研究更是精彩极了。

陆宇峰

2023年6月11日